Kauderwelsch
Band 178

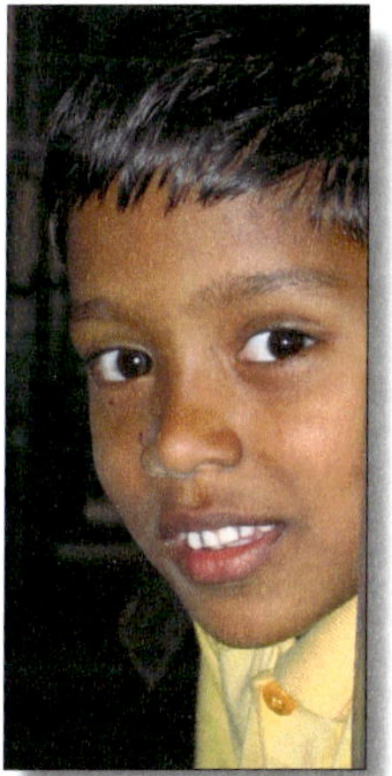

Impressum

Christina Kamp, Jose Punnamparambil
Malayalam – Wort für Wort
erschienen im
REISE KNOW-HOW Verlag Peter Rump GmbH
Osnabrücker Str. 79, D-33649 Bielefeld
info@reise-know-how.de

2. neu bearbeitete Auflage 2009

Bearbeitung & Layout Claudia Schmidt, www.lektoratsservice.de
Layout-Konzept Günter Pawlak, FaktorZwo! Bielefeld
Umschlag Peter Rump (Coverfoto: Christina Kamp)
Kartographie Iain Macneish
Fotos Christina Kamp, Kitty Overberg (Seite 124, 135, 139)
Druck und Bindung Fuldaer Verlagsanstalt GmbH & Co. KG, Fulda

ISBN 978-3-89416-278-8
Printed in Germany

Dieses Buch ist erhältlich in jeder Buchhandlung Deutschlands, Österreichs, der Schweiz und der Benelux-Staaten. Bitte informieren Sie Ihren Buchhändler über folgende Bezugsadressen:
Deutschland Prolit GmbH, Postfach 9, 35461 Fernwald (Annerod) sowie alle Barsortimente
Schweiz AVA-buch 2000, Postfach 27, CH-8910 Affoltern
Österreich Mohr Morawa Buchvertrieb GmbH, Sulzengasse 2, A-1230 Wien
Belgien & Niederlande Willems Adventure, ***www.willemsadventure.nl***
direkt Wer im Buchhandel kein Glück hat, bekommt unsere Bücher zuzüglich Porto- und Verpackungskosten auch direkt über unseren Internet-Shop: ***www.reise-know-how.de.***
Zu diesem Buch ist ein **AusspracheTrainer** erhältlich, auf **Audio-CD** in jeder Buchhandlung Deutschlands, Österreichs, der Schweiz und der Benelux-Staaten oder als **MP3-Download** unter ***www.reise-know-how.de***
Der Verlag möchte die **Reihe Kauderwelsch** weiter ausbauen und **sucht Autoren!** Mehr Informationen finden Sie unter ***www.reise-know-how.de/rkh_mitarbeit.php***

Kauderwelsch

Christina Kamp &
Jose Punnamparambil

Malayalam

Wort für Wort

REISE KNOW-HOW
im Internet
www.reise-know-how.de
info@reise-know-how.de

Aktuelle Reisetipps und Neuigkeiten, Ergänzungen nach Redaktionsschluss, Büchershop und Sonderangebote rund ums Reisen

Kauderwelsch-Sprechführer sind anders!

Warum? Weil sie Sie in die Lage versetzen, wirklich zu sprechen und die Leute zu verstehen.

Wie wird das gemacht? Abgesehen von dem, was jedes Sprachbuch bietet, nämlich Vokabeln, Beispielsätze etc., zeichnen sich die Bände der Kauderwelsch-Reihe durch folgende Besonderheiten aus:

Die **Grammatik** wird in einfacher Sprache so weit erklärt, dass es möglich wird, ohne viel Paukerei mit dem Sprechen zu beginnen, wenn auch nicht gerade druckreif.

Alle Beispielsätze werden doppelt ins Deutsche übertragen: zum einen **Wort-für-Wort**, zum anderen in „ordentliches" Hochdeutsch. So wird das fremde Sprachsystem sehr gut durchschaubar. Denn in einer fremden Sprache unterscheiden sich z. B. Satzbau und Ausdrucksweise recht stark vom Deutschen. Ohne diese Übersetzungsart ist es so gut wie unmöglich, schnell einzelne Wörter in einem Satz auszutauschen.

Die **Autorinnen** und **Autoren** der Reihe sind Globetrotter, die die Sprache im Land selbst gelernt haben. Sie wissen daher genau, wie und was die Leute auf der Straße sprechen. Deren Ausdrucksweise ist nämlich häufig viel einfacher und direkter als z. B. die Sprache der Literatur oder des Fernsehens.

Besonders wichtig sind im Reiseland **Körpersprache, Gesten, Zeichen** und **Verhaltensregeln**, ohne die auch Sprachkundige kaum mit Menschen in guten Kontakt kommen. In allen Bänden der Kauderwelsch-Reihe wird darum besonders auf diese Art der nonverbalen Kommunikation eingegangen.

Kauderwelsch-Sprechführer sind keine Lehrbücher, aber viel mehr als Sprachführer! Wenn Sie ein wenig Zeit investieren und einige Vokabeln lernen, werden Sie mit ihrer Hilfe in kürzester Zeit schon Informationen bekommen und Erfahrungen machen, die „taubstummen" Reisenden verborgen bleiben.

Inhalt

Konversation

Anhang

Backwater-Tour mit dem Hausboot

Vorwort

Mala...? Maya...? Wie noch mal? – Malayalam ist wohl die einzige Sprache, deren Namen man von hinten nach vorne wie von vorne nach hinten lesen kann!? Damit machen wir zuweilen Werbung, wollen Interesse wecken für eine Sprache, deren Name allein schon als Zungenbrecher daherkommt. Spätestens wenn Sie es geschafft haben, den Namen dieser Sprache ohne Silbenverdreher auszusprechen, und den Wunsch verspüren, tiefer in ihre Geheimnisse einzusteigen, beschleicht Sie vielleicht schon eine leise Vorahnung: Malayalam-Schein ist nicht gleich Malayaaḻam-Sein ... Um die Feinheiten, um die wir uns mit unserer „Von-hinten-nach-vorne"-Werbung so einfach herumgemogelt haben, kommen wir im Folgenden leider nicht ganz herum. Doch damit wollen wir Sie nicht abschrecken, im Gegenteil! Wir wollen Sie neugierig machen, sich einzulassen auf eine Sprache, die Ihnen Einblicke gibt in eine andere Sicht der Welt, in südindische Lebenswelten. Dieser Sprechführer soll Ihnen helfen, sprachliche Brücken zu bauen und Menschen zu begegnen, die neugierig sind auf Fremde, so wie Sie neugierig darauf sind, Land und Leute kennen zu lernen. Wir wollen Sie auch ermutigen, die Begegnung mit Menschen zu suchen, die der englischen Sprache nicht ganz so mächtig sind. Mit ein paar Worten und Sätzen in Malayalam gehen Sie einen Schritt auf sie zu!

S̲ubhayaathr̲a! Gute Reise!

Hinweise zur Benutzung

Der Kauderwelsch-Band „Malayalam" ist in die Abschnitte „Grammatik", „Konversation" und „Wörterliste" gegliedert.

Die **Grammatik** beschränkt sich auf das Wesentliche und ist so einfach gehalten wie möglich. Deshalb sind auch nicht sämtliche Ausnahmen und Unregelmäßigkeiten der Sprache erklärt. In der **Konversation** finden Sie Sätze aus dem Alltagsgespräch, die Ihnen einen ersten Eindruck davon vermitteln sollen, wie Malayalam „funktioniert", und die Sie auf das vorbereiten sollen, was Sie später in Indien (vor allem im Bundesstaat Kerala) hören werden. Jede Sprache hat ein typisches Satzbaumuster. Um die sich vom Deutschen unterscheidende Wortfolge der Malayalam-Sätze zu verstehen, ist die **Wort-für-Wort-Übersetzung** in kursiver Schrift gedacht. Wird *ein* Malayalam-Wort im Deutschen durch *zwei* Wörter übersetzt, werden diese in der Wort-für-Wort-Übersetzung mit einem Bindestrich verbunden:

Durch einen Schrägstrich werden alternative Varianten gekennzeichnet. Hochgestellte Ziffern kennzeichnen den Fall, in dem ein Wort steht. In Klammern gesetzte Wörter sind der Deutlichkeit halber hinzugefügt

rantŭ pazham	**ivan**	**ivar**
zwei Banane	*hier-er*	*hier-sie(m/w Mz)*
zwei Bananen	dieser Mann	diese Personen

avanŭ avale/avalootŭ ishtamaanŭ.
ihm[3] sie[4]/ihr(-gegenüber)[5] mag
Er mag sie.

Mit Hilfe der Wort-für-Wort-Übersetzung können Sie bald eigene Sätze bilden. Sie können die Beispielsätze als Fundus von Satzschablonen und -mustern benutzen, die Sie Ihren eigenen Bedürfnissen anpassen.

Die **Wörterlisten** am Ende des Buches enthalten einen Grundwortschatz von je ca. 900 Wörtern „Deutsch – Malayalam" und „Malayalam – Deutsch", der das im Konversationsteil enthaltene Vokabular ergänzt.

Die **Umschlagklappe** hilft, die wichtigsten Sätze und Formulierungen stets parat zu haben. Aufgeklappt ist der Umschlag eine wesentliche Erleichterung, da nun die gewünschte Satzkonstruktion mit dem entsprechenden Vokabular aus den einzelnen Kapiteln kombiniert werden kann. Das Kapitel „Nichts verstanden ? – Weiterlernen!" befindet sich ebenfalls im Umschlag, stets bereit, mit der richtigen Formulierung für z. B. „Ich habe nicht verstanden" auszuhelfen.

Eine Übersicht des Malayalam-Alphabets finden Sie in der Umschlagklappe, die Aussprache-Erklärungen auf S. 15ff. In eckige Klammern sind englische Wörter gesetzt, von denen ein Wort im Malayalam abgeleitet ist, z. B. krikkatŭ [cricket].

Abkürzungen

m/w/s	männlich / weiblich / sächlich
Ez/Mz	Einzahl (Singular) / Mehrzahl (Plural)
inkl.	inklusiv (angesprochene Person eingeschlossen)
exkl.	exklusiv (angesprochene Person nicht eingeschlossen)
U	umgangssprachlich
adj	Adjektiv (Eigenschaftswort)
adv	Adverb (Umstandswort)
(II)	zweistämmige Verben

Seitenzahlen

Auf jeder Seite wird die Seitenzahl auch auf Malayalam in Lautschrift angegeben!

Land & Sprache

In Deutschland leben nach unserer Schätzung rund 5.000 Malayalis der so genannten „ersten Generation“, die aus Kerala nach Deutschland gekommen sind. Viele von ihnen arbeiten im Gesundheitswesen. Ihre in Deutschland geborenen Kinder, die „zweite Generation“, sprechen nur noch zum Teil Malayalam.

Malayalam ist eine der offiziellen Landessprachen Indiens. Gesprochen wird es vor allem im südindischen Bundesstaat Kerala (**Keeralam**) und einigen angrenzenden Gebieten in Tamil Nadu und Karnataka. Außerdem ist Malayalam die Sprache der Inselgruppe der Lakkadiven (**Lakhshadviipŭ** [Lakshadweep] *„100.000 Inseln“*), mit Ausnahme der Insel Minicoy.

Das reinste Malayalam wird in der Gegend von Travancore, z. B. in Kottayam (**Koottayam**) und Changanasseri (**Changanaasseeri**) gesprochen. Daneben gibt es die Dialekte der nördlichen und südlichen Malabar-Region sowie der Gegend um Kochi (**Kocchi**). In der nördlichen Malabar-Region an der Grenze zu Karnataka ist der Einfluss der dort gesprochenen Regionalsprache Kannada deutlich. In der Malabar-Region leben mehr Muslime als im südlichen Teil Keralas, so dass in dieser Gegend das Malayalam zudem vom Arabischen beeinflusst ist. Auf den Lakkadiven, wo hauptsächlich Muslime leben, wird Malayalam gesprochen, aber in arabischer Schrift geschrieben.

„In Dubai braucht man nur eine Sprache: Malayalam! Sogar die Schilder am Flughafen sind in Malayalam!“ berichtete ein Freund von seiner ersten Reise in die Golfregion.

Insgesamt sprechen rund 3,6 Prozent der indischen Bevölkerung Malayalam. Bei einer Gesamtbevölkerung von über einer Milliarde sind das immerhin rund 37 Millionen Menschen. Hinzu kommen die zahlreichen Malayalis, die im Ausland leben und arbeiten, vor allem in den Golfstaaten. So werden Reisende in Dubai, Abu Dhabi oder Sharjah sehr wahrscheinlich mit Malayalis in Kontakt kommen, denn der Dienstleistungssektor, der Einzelhandel und der Gesundheitsbereich bieten Indern dort gute Einkommensmöglichkeiten.

Kleine Sprachgeschichte

Malayalam zählt neben Tamil, Telugu und Kannada zu den wichtigsten Sprachen Südindiens. Es gehört zur drawidischen Sprachfamilie, hat also einen anderen Ursprung als die meisten nordindischen Sprachen, die der indogermanischen Sprachgruppe angehören. Entsprechend unterscheiden sich nicht nur die Schrift, sondern auch Grammatik und Satzbau in vieler Hinsicht von den nordindischen Sprachen.

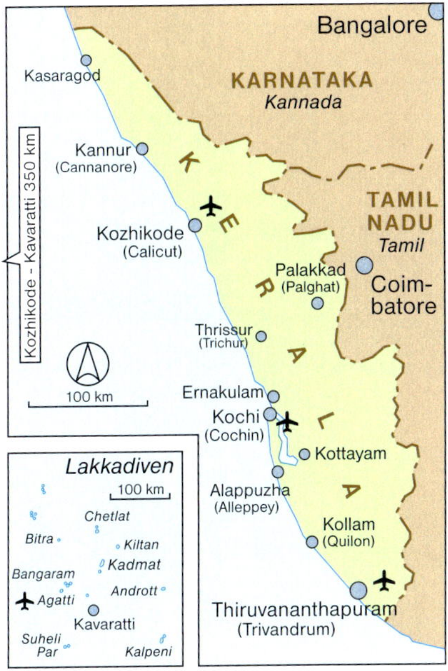

Das Wort **Malayaaḻam** ist von **mala** „Berg", abgeleitet. Damit gemeint sind die Bergketten der Western Ghats, die Kerala geographisch vom Nachbarstaat Tamil Nadu trennen. Entstanden ist die Sprache wahrscheinlich aus einem Dialekt der gesprochenen Variante des alten Tamil, das in ganz Südindien verbreitet war. Durch die geographische Trennung des damals **Malanaaṯŭ** genannten Gebietes (heute Kerala) vom Rest Tamil Nadus konnte sich dieser Dialekt eigenständig weiterentwickeln. Auch kulturelle Eigenheiten der Region trugen zur sprachlichen Auseinanderentwicklung bei. Die Entwicklung des Malayalam aus einem

Ursprünglich war Malayaaḻam *ein Ortsname, die Sprache hieß* Malayaanma *oder* Malayaayma. *Erst nach und nach setzte sich dann der Name* Malayaaḻam *für die Sprache durch.*

tamilischen Dialekt zu einer eigenen Sprache dauerte rund 1.200 Jahre. Einwanderer aus dem Norden brachten die alte indogermanische Gelehrtensprache Sanskrit in die Region. Das Sanskrit-Vokabular fand umfassend Eingang in den Malayalam-Sprachgebrauch, so dass sich heute bis zu 60 Prozent der Wörter im Malayalam auf das Sanskrit zurückverfolgen lassen. Aber auch portugiesische Eroberer, arabische Händler und britische Kolonialherren brachten Begriffe aus ihren Sprachen mit. Oft sind sie aber fast bis zur Unkenntlichkeit „malayalisiert" worden. Im Zeitalter der Globalisierung gilt das natürlich auch für „moderne" Begriffe, z. B. in der Kommunikations- und Informationstechnologie.

Die Malayalam-Schrift

Damit sind wir auch schon mittendrin in einer Sprache, bei der nicht nur eines, sondern viele kleine Teufelchen im Detail stecken. Sie lauern vor allem in der Aussprache von Lauten, die für nicht-indische Ohren gleich klingen und doch so verschieden sind.

Malayalam wird „ganz normal" von links nach rechts geschrieben. Eine Groß- und Kleinschreibung gibt es nicht. Und das meiste wird auch so ausgesprochen, wie man es schreibt. Zur besseren Lesbarkeit schreiben wir jedoch Eigennamen in der Lautschrift groß.

Das „Malayalam-**Ka-kha-ga-gha**" (Malayalam-ABC) hat insgesamt 51 Buchstaben, davon 15 Selbstlaute (Vokale) und 36 Mitlaute (Konsonanten). Und selbst damit ist es leider noch nicht getan. Hinzu kommen 14 Vokalzeichen, fünf Halbkonsonanten und eine kaum überschaubare Zahl von Mitlaut-Kombinationen – 900 sollen es einmal gewesen sein. Inzwischen wurde die Malayalam-Schrift mehrfach reformiert. Heute existieren zum Teil mehrere Schreibweisen nebeneinander. Einige davon sind etwas veraltet, andere etwas neuer.

Wir orientieren uns in diesem Sprechführer weitestgehend an der in Indien gängigen, vereinfachten

Umschrift. Sie stützt sich auf das Englische und wird z. B. für Städtenamen (s. Karte S. 13) oder Namen von Personen verwendet. Mit dem hier verwendeten Lautschrift-System sollte auch diese Umschrift gut lesbar sein, wenn diese in lateinischer Schrift dargestellt werden.

Jedes Malayalam-Zeichen wird in der Lautschrift (mit wenigen Ausnahmen) eindeutig wiedergegeben. Dennoch ist es umgekehrt schwierig, die in Lautschrift dargestellten Wörter eindeutig in die Malayalam-Schrift zurück zu übertragen, nicht zuletzt aufgrund der vielen Kombinationsmöglichkeiten von Mitlauten im Malayalam-Alphabet.

Eine Übersicht über das Alphabet mit Lautschriftzeichen finden Sie in der linken äußeren Umschlagklappe. Davon ausgenommen sind die unzähligen Ligaturen (Verbindungen von zwei Buchstaben in der Schrift).

Aussprache & Lautschrift

Wenn so mancher Muttersprachler stutzt, wenn Sie ihn mit der „Malayalam-von-hinten-nach-vorne?"-Frage (s. Vorwort) überraschen, so liegt das daran, dass er es noch nie so gesehen hat. Denn er sieht und spricht മലയാളം (**Malayaal̲am**). Das heißt, ല (**la**) ist nicht gleich ള (**l̲a**), ein kurzes അ (**a**) ist nicht gleich dem langen ആ (**aa**) und mitten im Wort ohnehin „unsichtbar". Das lange ആ (**aa**) dagegen taucht hier als ാ auf. Und das ം (**am**) am Ende kann man drehen und wenden, wie man will, es bleibt doch ം (**am**).

Bei den Selbstlauten werden kurze und lange Selbstlaute unterschieden, bei den Mitlauten behauchte und unbehauchte, retroflexe und nicht retroflexe.

Insgesamt ist Malayalam, wie der Name schon vermuten lässt, ziemlich „a"-lastig. Das hat auch damit zu tun, dass bei jedem Mitlaut, wenn nichts Gegenteiliges durch Vokalzeichen sichtbar gemacht wird, das kurze **-a** quasi automatisch mitgeliefert wird.

Selbstlaute (Vokale)

Soll **-a** unterdrückt werden, muss dies durch ein „ ̆ “ gekennzeichnet werden. Es heißt **viraama** und wird rechts oben vom jeweiligen Mitlaut angefügt. Dadurch entsteht ein Halbvokal, den wir als **ŭ** wiedergeben und dessen Aussprache im Deutschen etwa einem unbetonten „e“ am Wortende entspricht.

Wegen der Vokalzeichen hat man zwar zunächst einmal doppelt so viele Zeichen zu lernen, in der Schreibpraxis der Malayalis sind sie aber eine hilfreiche Verkürzung und Vereinfachung.

Für alle Selbstlaute (außer **a**) gibt es zum einen die vollen Buchstabenzeichen, die z. B. dann auftauchen, wenn ein Wort mit einem Selbstlaut beginnt. Zum anderen gibt es kürzere Vokalzeichen, die dann verwendet werden, wenn ein Selbstlaut auf einen Mitlaut folgt, d. h. also in den meisten Fällen. Von diesen Vokalzeichen stehen einige hinter dem betreffenden Mitlaut (**aa, i, ii, u, uu**) andere davor (**e, ee, ai**) und das **o, oo** und **au** sind sogar zweigeteilt, schließen den Mitlaut quasi ein. In der Tabelle steht der Gedankenstrich als Platzhalter für einen Mitlaut.

Selbstlaut (Vokal)	eigenständig (z. B. Wortanfang)	Vokalzeichen	Aussprache	Bsp. f. Selbstlaut + Mitlaut(en)	Laut	Beispiel
അ	-	**a**	kurzes „a“ wie in „B**a**ll“	ന	**na**	**nadi** (Fluss)
ആ	-ാ	**aa**	langes „a“ wie in T**a**l	കാ	**kaa**	**kaappi** (Kaffee)
ഇ	-ി	**i**	kurzes „i“ wie in T**i**sch, in der ersten Silbe eines Wortes oft eher wie „e“	സി	**si**	**sinima** [cinema] (Kinofilm)
ഈ	-ീ	**ii**	langes „i“ wie „ie“ in T**ie**r	മീ	**mii**	**miin** (Fisch)
ഉ	-ു	**u**	kurzes „u“ wie in „B**u**s“, in der 1. Silbe eines Wortes oft eher wie „o“	മു	**mu**	**mutta** (Ei)
ഊ	-ൂ	**uu**	langes „u“ wie in „Fl**u**r“	പൂ	**puu**	**puuja** (Gebet)

ഋ	‑ൃ	**r̆ŭ**	„r" wie in „K**r**ischna"	കൃ	**kr̆ŭ**	**kr̆ŭshi** (Landbau)
എ	െ‑	**e**	kurzes, offenes „e" wie in „B**e**tt"	വെ	**ve**	**ve**l**l**am (Wasser)
ഏ	േ‑	**ee**	langes geschlossenes „e" wie in „T**ee**"	കേ	**kee**	**Kee**ra**l**am (Kerala)
ഐ	ൈ‑	**ai**	„ai" wie in „M**ai**"	വൈ	**vai**	**vai**dyan (Arzt)
ഒ	ൊ‑	**o**	kurzes, offenes „o" wie in „M**o**tte"	പൊ	**po**	**po**nma (Eisvogel)
ഓ	ോ‑	**oo**	langes, geschlossenes „o" wie in „**O**fen"	കോ	**koo**	**koo**zhi (Huhn)
ഔ	ൌ‑	**au**	„au" wie in „H**au**s"	മൌ	**mau**	**mau**nam (Stille)
അം	‑ം	**am**	„am" wie in „B**am**bus"	രം	**ram**	ma**ram** (Baum)
അഃ	‑ഃ	**h̲**	leicht behaucht, zwischen „-h" u. „-ch" wie in „Bu**ch**"	ദുഃ	**duh̲**	du**h̲**kham (Leid)

Mitlaute (Konsonanten)

Auch bei den Mitlauten gibt es so einige kleine Tücken bei der Aussprache. So existiert zu vielen Mitlauten zusätzlich eine behauchte (aspirierte) Variante, die jeweils ein eigener Buchstabe ist. In der Lautschrift haben wir jeweils ein „h" angehängt. Ein behauchtes **ka** ist also ein **kha, ga gha, da dha** und so weiter. Für Nicht-Inder sehr schwierig auszusprechen sind auch die retroflexen Laute **t̲a, t̲ha, d̲a, d̲ha, n̲a** und **l̲a**. Retroflex bedeutet, dass die Zunge zurückgebogen wird und die untere Seite der Zungenspitze an den Gaumen stößt.

Eine Besonderheit im Malayalam, die es auch in anderen indischen Sprachen nicht gibt, ist das ഴ, das in gängiger Umschrift als **zha** wiedergegeben wird. Mit einem deutschen „zh" hat es aber leider gar nichts zu tun. In der Aussprache kommt es einem **r̲a** am nächsten. Tamilen sprechen das **zha** tendenziell als **l̲a** bzw. **l̲a** aus (was ggf. von Malayalis noch am ehesten verstanden wird).

*Wird ein Mitlaut verdoppelt, so muss er entsprechend stärker ausgesprochen werden, sonst ergeben sich unter Umständen andere Wortbedeutungen und dadurch Missverständnisse, vgl. ku**t̲t̲**i (Kind) und ku**t̲**i (trinken), panni (Schwein) und pani (Fieber).*

Mittlaut (Konsonant)	Name des Lautes	Aussprache	Beispiel
ക	**ka**	„k“ am Wortanfang wie in „**K**ino“, in der Wortmitte etwas abgeschwächt	**ka<u>t</u>a** (Laden, Geschäft)
ഖ	**kha**	behauchtes „k“/„g“	**nakham** (Fingernagel)
ഗ	**ga**	„g“ wie in „**G**itarre“	**gaanam** (Gesang)
ഘ	**gha**	behauchtes „g“/„k“ wie in „**Gh**ana“	**ghanam** (Gewicht)
ങ	**nga**	„ng“ wie in „Ma**ng**el“, meist als **nga,** das etwas stärker betont ist	**maanga** (Mango)
ച	**cha**	„tsch“ wie in „**tsch**üss“, in der Wortmitte abgeschwächt	**chaaya** (indischer Tee)
ഛ	**chha**	behauchtes „tsch“	**chhaaya** (Schatten)
ജ	**ja**	„dsch“ wie in „**Dsch**ungel“	**jaathha** (politische Demonstration)
ഝ	**jha**	behauchtes „dsch“	**jha<u>t</u>ithi** (schnell)
ഞ	**ñ**	„nj“ wie in „Co**gn**ac“, wie im Spanischen „Espa**ñ**a“	**ñaan** (ich)
ട	**<u>t</u>a**	retroflexes „t“ wie in „**T**ee“, in der Wortmitte abgeschwächt eher wie „d“	**<u>t</u>aaksi** (Taxi), **ma<u>t</u>iyan** (Faulenzer)
ഠ	**<u>th</u>a**	behauchtes, retroflexes „t“/„d“	**ma<u>th</u>ayan** (Dummkopf)
ഡ	**<u>d</u>a**	retroflexes „d“ wie in „**D**ollar“	**soo<u>d</u>a** (mit Kohlensäure versetztes Tafelwasser)
ഢ	**<u>dh</u>a**	behauchtes, retroflexes „d“	**aa<u>dh</u>yan** (Adliger)
ണ	**<u>n</u>a**	leicht nasaliertes, retroflexes „n“ wie in „Sau**n**a“	**pa<u>n</u>am** (Geld)
ത	**tha**	behauchtes „t“ wie in „**Th**ema“, in der Wortmitte abgeschwächt, eher wie „d“	**theenga** (Kokosnuss)
ഥ	**thha**	stark behauchtes „t“ wie in „Lo**th**ringen“	**kathha** (Geschichte)
ദ	**da**	„d“ wie in „Le**d**er“	**daanam** (Almosen)
ധ	**dha**	behauchtes „d“ wie in „**Dh**aka“	**dhanam** (Reichtum)

ന	**na**	„n" etwa wie in „**n**ein", aber die Zungenspitze berührt die Zähne	**naa<u>t</u>ŭ** (Land)
പ	**pa**	abgeschwächtes „p" wie in „**P**apa"	**pa<u>ll</u>i** (Kirche, Moschee)
ഫ	**pha**	„f" wie in „**F**oto"	**phalitham** (Humor)
ബ	**ba**	„b" wie in „**b**eten"	**baakki** (Wechselgeld)
ഭ	**bha**	behauchtes „b" wie in „a**bh**aken"	**bhaasha** (Sprache)
മ	**ma**	„m" wie in „**M**aus"	**mala** (Berg)
യ	**ya**	„j" wie in „**J**anuar"	**vayal** (Reisfeld)
ര	**ra**	gerolltes „r" wie in italienisch „**R**oma"	**ra<u>s</u>iith** [receipt] (Quittung)
ല	**la**	„l" wie in „**L**aus"	**niila** (blau)
വ	**va**	„w"/„v" wie in „**W**ort", „**V**ase"	**va<u>l</u>a** (Armreifen)
ശ	**<u>s</u>a**	Zwischenlaut zwischen „s" und „sch"	**doo<u>s</u>a** (Dosa, ind. Pfannkuchen)
ഷ	**sha**	„sch" wie in „**Sch**ule"	**aushadham** (Medizin)
സ	**sa**	stimmloses „s" wie in „Bu**s**"	**suuryan** (Sonne)
ഹ	**ha**	„ha" wie in „**H**aus"	**vaahanam** (Fahrzeug)
ള	**<u>l</u>a**	retroflexes „l"	**me<u>l</u>a** (Fest)
ഴ	**zha**	„r", etwa wie in engl. „wo**r**se"	**pazham** (Banane)
റ	**<u>r</u>a**	stark gerolltes „r" wie im Spanischen oder Italienischen	**ka<u>r</u>i** (Curry, Soße)
റ്റ	**ta**	„t" wie in „Va**t**er"	**paata** (Kakerlake)

Halbkonsonanten

Mitlaut	Laut	Aussprache	Beispiel
ൺ	**-<u>n</u>**	„n" wie in „Hu**hn**"	**spuu<u>n</u>** [spoon] (Löffel)
ൻ	**-n**	„n" wie in „ma**n**"	**theen** (Honig)
ർ	**-<u>r</u>**	„r" wie in „Mete**r**"	**kaya<u>r</u>** (Schnur aus Kokosfaser)
ൽ	**-l**	„l" wie in „Ka**l**k"	**pinnil** (hinter)
ൾ/ാം	**-<u>l</u>**	retroflexes „l"	**maka<u>l</u>** (Tochter)

Die fünf Halbkonsonanten sind aus oben aufgeführten Konsonanten abgeleitet. Sie schließen eine Wortsilbe ab. Meist stehen sie am Wortende. Halbkonsonanten sind deshalb nur halb, weil das ansonsten immer „mitgedachte" a *fehlt.*

Wörter, die weiterhelfen

Mit ein paar ersten Worten in Malayalam zeigen Sie, dass Sie sich freuen, angekommen zu sein und dass Sie Land und Leute kennen lernen möchten.

Kauderwelsch-AusspracheTrainer

Falls Sie sich die wichtigsten Sätze, die in diesem Buch vorkommen, einmal von einer Muttersprachlerin gesprochen anhören möchten, kann Ihnen Ihre Buchhandlung den ***AusspracheTrainer (Audio-CD)*** *zu diesem Buch besorgen. Sie bekommen ihn auch über unseren Internetshop* ***www.reise-know-how.de*** *Alle Sätze, die Sie auf dem* ***AusspracheTrainer*** *hören können, sind in diesem Buch mit einem gekennzeichnet.*

Ob Sie mit dem Bus, Zug oder per Flugzeug anreisen – das üppige Grün der Kokospalmen ist das erste untrügliche Signal, dass Sie angekommen sind. **svaagatham!** Willkommen!

Das zweite Signal wird vielleicht sein, dass Sie um sich herum Wortschwälle in Malayalam hören werden, die so gar keine Ähnlichkeit mit dem zu haben scheinen, was Sie auf dem zu diesem Büchlein passenden Tonträger vor Ihrer Reise vielleicht schon gehört und eventuell sogar ein bisschen ausprobiert haben. Doch nicht entmutigen lassen! Die Menschen, deren Bekanntschaft Sie in Kerala machen werden, geben sich alle Mühe, mit Ihnen ins Gespräch zu kommen.

Begrüßen wird man Sie vielleicht mit einem freundlichen **namaskaaram!** oder **vanakkam!** Und so antworten Sie dann auch.

Sicher wollen Sie zuerst etwas trinken, nach der anstrengenden Reise?

vellam	Wasser
chaaya	Tee
kaappi	Kaffee
... veenam.	Ich möchte/brauche ...

Nicht?

... veenta.	Ich möchte nicht. / Ich brauche nicht.

... tharuu.	Geben (Sie mir)...
... un̲too?	Gibt es ...?
un̲t̲ŭ.	Ja, gibt es.
illa.	Nein, gibt es nicht.

Sie suchen eine Unterkunft für die kommende Nacht, eine Toilette, den Bahnhof für die Weiterfahrt?

dayavaayi (bitte) und nanni (danke) sind im Malayalam sehr viel unüblicher, als im Deutschen. Häufiger hört man dagegen das leicht malayalisierte englische thank you *und* please.

... evit̲eyaan̲ŭ?	Wo ist ... ?
... thirakkunnu.	Ich suche ...
reyilwe steeshan	Bahnhof
basŭ staan̲d̲ŭ	Busbahnhof
hoot̲t̲al	Hotel/Restaurant
kakkuusa	Toilette
t̲eliphoon̲ buuthŭ	Telefonzelle/-kiosk

Sie können auch andere englische Begriffe einsetzen.

Sie wollen fragen, was das Zimmer oder die Fahrt mit dem Taxi oder der Riksha kostet?

... eth̲ra?	Wie viel (kostet) ...?

Und sicher stoßen Sie schon bald nach Ihrer Ankunft auf Neues und Unbekanntes:

athenthaa?	Was ist das?

Wenn Sie die Antwort nicht verstehen, dann sollten Sie jetzt unbedingt weiterlesen und weiterlernen ...

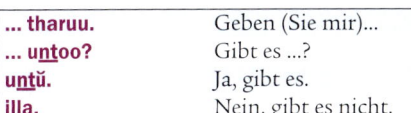

Hauptwörter

Hauptwörter (Substantive) sind im Malayalam in den meisten Fällen sächlich. Eine Ausnahme stellen Lebewesen dar, die natürlicherweise männlich oder weiblich sind.

Die männliche Form endet dabei oft auf -an, *die weibliche auf* -i *oder* -a.

kuuttukaaran (m)	**kuuttukaari** (w)
Freund	Freundin

Bestimmte Artikel („der, die, das“) existieren nicht. Hauptwörter werden je nach Zusammenhang als bestimmt oder unbestimmt verstanden. Es gibt nur einen unbestimmten Artikel, der der Betonung der Unbestimmtheit dient:

oru	ein/eine

Mehrzahl

Endet ein Hauptwort auf -m, *tritt in der Mehrzahl eine Lautverschiebung auf, und statt* -mkal *schreibt und spricht man* -ngal.

Hauptwörter in der Mehrzahl (Plural) werden z. B. durch die Endungen **-kal** (bzw. **-gal**), **-maar**, **-r** oder durch Weglassen der Einzahl-Endung ausgedrückt. Die Endung **-kal** (bzw. **-gal**) ist die weitaus häufigste.

kutti	Kind	**kuttikal**	Kinder
amma	Mutter	**ammamaar**	Mütter
deevan	Gott	**deevar**	Götter
panikkaaran	Arbeiter, Diener	**panikkaar**	Arbeiter, Diener

Darüber hinaus gibt es die grammatikalische Mehrzahl mit der Endung **-aar**, die in Bezug auf bestimmte Berufe oder Kasten eine Form des Respekts in der Einzahl ausdrückt.

chetti	Händler	**chettiaar**	Händler

Oft ist es aber auch gar nicht nötig, die Mehrzahlform zu verwenden, z. B. wenn sich aus dem Zusammenhang (z. B. nach Zahlwörtern) ergibt, dass mehrere gemeint sind.

rantŭ pazham	**muunnŭ chaaya**
zwei Banane	*drei Tee*
zwei Bananen	drei Tees

Frauen und Kinder beim Tempelfest

Von Fall zu Fall – die Beugung

Hauptwörter werden im Malayalam dekliniert (gebeugt). Leider gibt es sehr viel mehr Fälle als im Deutschen, und zwar neun insgesamt! Man dekliniert die Hauptwörter, indem man die jeweiligen Beugungsendungen an die Grundform des Hauptwortes anhängt. Hin und wieder wird aus Aussprachegründen ein **-v-**, **-y-**, **-tth-** oder **-in-** dazwischengeschoben.

1. Fall: Nominativ (wer?)

In den Wörterlisten stehen die Hauptwörter im Nominativ. In diesen Fällen entspricht er der Grundform.

Der 1. Fall endet auf -am *oder hat keine extra Endung.*

pazham	die Banane
ammamaar̲	die Mütter
sneehithan	der Freund
malakal̲	die Berge

2. Fall: Genitiv (wessen?)

Um den 2. Fall zu bilden, wird **-t̲e** oder **-ut̲e** an die Grundform angehängt.

pazhatthint̲e	der Banane
ammamaarut̲e	der Mütter
sneehithant̲e	des Freundes
malakal̲ut̲e	der Berge

3. Fall: Dativ (wem?) & 5. Fall: Komitativ (wem?, mit wem?, wem gegenüber?)

Wo im Deutschen ein Dativ steht, steht im Malayalam je nach Satzzusammenhang der Dativ oder der Komitativ. Der Komitativ betont die Beziehungskomponente in einer Aussage, d. h. was jemand jemandem gegenüber tut, empfindet etc. Um den 3. Fall zu bilden, hängt man **-nŭ** oder **-kkŭ** an die Grundform an, um den Komitativ zu bilden **-oot̲ŭ.**

Die Fälle werden in der Wort-für-Wort-Übersetzung durch eine hochgestellte Ziffer gekennzeichnet. Ein Wort, das man austauschen möchte, muss dann natürlich auch im selben Fall gebeugt werden.

sneehithanŭ	dem Freund
kut̲t̲ikal̲kkŭ	den Kindern

ñaan pusthakam sneehithanŭ kot̲ukkunnu.
ich Buch Freund[3] gebe
Ich gebe das Buch dem Freund.

sneehithanoot̲ŭ	dem Freund
kut̲t̲ikal̲oot̲ŭ	den Kindern

ñaan kut̲t̲ikal̲oot̲ŭ yaathr̲a par̲ayunnu.
ich Kindern(-gegenüber)[5] Reise sage
Ich sage den Kindern auf Wiedersehen.

4. Fall: Akkusativ (wen?)

In der Umgangssprache verwendet man für Gegenstände statt des deutschen Akkusativs oft den Nominativ, für Lebewesen (v. a. für Personen), aber immer den Akkusativ. Für den 4. Fall wird **-e** angehängt.

sneehithane	den Freund
malakal̲e	die Berge

ñaan sneehithane/malakal̲ kaan̲unnu.
ich Freund[4]/Berge sehe
Ich sehe den Freund/die Berge.

Zuweilen lässt sich für eine ähnliche Aussage der Akkusativ oder der Komitativ verwenden:

avanŭ avale/avalootŭ ishtamaanŭ.
ihm[3] sie[4]/ihr(-gegenüber)[5] mag
Er mag sie.

6. Fall: Instrumental (durch wen?) Ein Hauptwort im Instrumental drückt die Person oder Sache aus, durch die eine Handlung geschieht, bzw. auch das Werkzeug, die Ursache der Handlung oder auch das Material, aus dem etwas gemacht ist.

Den 6. Fall bildet man mit der Endung **-aal.**

sneehithanaal	**kuttikalaal**
durch den Freund, wegen des Freundes	durch die Kinder, wegen der Kinder

hoottal muri ente sneehithanaal bukkŭ cheyyappettu.
Hotel Zimmer mein[2] (durch-den-)Freund[6] Buchung gemacht-worden
Das Hotelzimmer ist von meinem Freund gebucht worden.

7. Fall: Lokativ (wo?) Der Lokativ kommt sehr häufig vor. Er dient der Ortsbezeichnung, auch in Bezug auf Personen, Gegenstände oder abstrakte Begriffe.

Die häufigste und charakteristische Endung ist **-il.**

pattanatthil	in der Stadt
malakalil	in den Bergen
mathatthil	in der Religion

8. Fall: Allativ (wohin?)

Der Allativ drückt den Zielpunkt einer Bewegung aus. Die Endung **-eekkŭ** wird an den Lokativ angehängt.

Der Vorteil des Lokativs und des Allativs besteht darin, dass man sich dadurch Verhältniswörter spart!

pattanatthileekkŭ	**malakalileekkŭ**
in die Stadt	in die Berge

Die Endungen des Lokativs und Allativs werden auch an Orts- oder Landesnamen angehängt, was das Wiedererkennen des eigentlichen Ortsnamens manchmal deutlich erschwert – vor allem wenn die Endung dann länger ist als der Name selbst!

keeralatthil	**kocchiyileekkŭ/kocchiikkŭ** (U)
Kerala(-in)[7]	*Kochi(-nach)*[8]
in Kerala	nach Kochi

9. Fall: Vokativ

Der Vokativ kommt zum Einsatz, wenn man jemanden ruft oder anredet. Er wird sehr unregelmäßig gebildet. Merken Sie sich am besten die Anredeformen für Ihre Freunde.

acchhaa! (von **acchhan**)	Vater!
ammee! (von **amma**)	Mutter!
moonee! (von **moon**)	Sohn!
moolee! (von **mool**)	Tochter!

Dieses & Jenes, Hier & Dort

Es gibt zwei hinweisende, unveränderliche Fürwörter (Demonstrativpronomen). Sie stehen immer vor dem Hauptwort.

ii	**aa**
dieser/diese/dieses	jener/jene/jenes

ii sthrii	**aa sthrii**
diese Frau	*jene Frau*
diese Frau	jene Frau

Dieses **ii** und **aa** können verkürzt auch als Vorsilben auftauchen und damit Nähe oder Entfernung ausdrücken.

ithŭ	dies	**athŭ**	das
ivite	hier	**avite**	dort

ival	**aval**
hier-sie	*dort-sie*
diese Frau	jene Frau
ivan	**avan**
hier-er	*dort-er*
dieser Mann	jener Mann
ivar	**avar**
hier-sie(m/w Mz)	*dort-sie(m/w Mz)*
diese Personen	jene Personen

Eigenschaftswörter

Eigenschaftswörter (Adjektive) stehen vor dem Hauptwort (Substantiv) und enden häufig auf **-a.** Sie sind unveränderlich.

nalla	gut	**nalla kutti**	gutes Kind
puthiya	neu	**puthiya saari**	neuer Sari
pazhaya	alt	**pazhaya pattanam**	alte Stadt

Werden Eigenschaftswörter aus Hauptwörtern abgeleitet, hängt man die Endung **-e** an die Lokativ-Form an.

keeralatthile	keralesisch
keeralatthile janangal	das keralesische Volk

Außerdem gibt es malayalisierte Eigenschaftswörter aus anderen Sprachen, darunter die meisten Nationalitätenbezeichnungen aus dem Englischen:

inthyan [Indian]	indisch
jarman [German]	deutsch

jarman *wird eher wie* „jerman" *ausgesprochen.*

Für viele Sachverhalte, die man im Deutschen mit einem Eigenschaftswort ausdrücken würde, braucht man im Malayalam eine Umschreibung, z. B. mit einem Hauptwort, an das man das Partizip **-(y)ulla** anhängt, welches in solchen Fällen meist „der/die/das besitzt" (als Eigenschaft) bedeutet.

Der Bus, der Schnelligkeit besitzt (= „schneller Bus"), als Eigenschaft.

veegatha	**veegathayul̲l̲a basŭ**
„Schnelligkeit"	*Schnelligkeit-besitzender Bus*
	schneller Bus

Andere Eigenschaftswörter sind aus einer Verbform der Vergangenheit abgeleitet und enden dann adjektivisch auf **-a.**

vayassaakuka	altern, alt werden
vayassaayi	wurde alt
vayassaaya (adj)	alt

Persönliche Fürwörter

Durch die persönlichen Fürwörter (Personalpronomen) im Malayalam werden unterschiedliche Ebenen von Respekt ausgedrückt.

du, Sie

Mit **nii, ningal̲** und **thaankal̲** gibt es drei verschiedene Anredeformen. Bei Kindern und sehr guten Freunden kann man **nii** verwenden. In anderen Fällen kann es respektlos wirken, so dass wir eher die Anrede **ningal̲** empfehlen.

thaankal̲ ist kein persönliches Fürwort im engeren Sinne, sondern ein Ersatzwort, das besonderen Respekt, z. B. gegenüber Lehrern, Politikern oder Priestern, ausdrückt.

er, sie, es

Entsprechend verwendet man, wenn man über eine dritte Person spricht, besser das höflichere **ayaal̲** oder noch höflicher **addeeham** (er) und **avar̲** (sie). **Avar̲** ist sowohl die (höfliche) weibliche Form für „sie“ als auch die Mehrzahl-Form „sie“ wie im Deutschen!

Will mal jedoch gleichzeitig eine größere räumliche Nähe der Person, über die gesprochen wird, ausdrücken, heißt es **iyaal̲** (er hier), **iddeeham** (er hier, höflich), **ivar̲** (sie hier), **ithŭ** (es hier) (vgl. „Dieses & Jenes, Hier & Dort“).

Spricht man von „wir“, unterscheidet man, ob die angesprochene Person Teil der bezeichneten Gruppe ist: **nammal̲** (wir, inkl.), oder nicht: **ñangal̲** (wir, exkl.).

wir
Für „Wir hätten gerne zwei Fahrkarten.“ verwendet man z. B. ñangal̲, *denn der Ticketverkäufer reist ja nicht mit!*

	Einzahl	Mehrzahl
1. Pers.	**ñaan** („ich“)	**ñangal̲** („wir“, exkl.)
		nammal̲ („wir“, inkl.)
2. Pers.	**nii** („du“, abwertend, sonst zu Kindern/guten Freunden)	**ningal̲** („ihr“, Mz von „du“, z. B. zwei Kinder)
	ningal̲ („du, Sie“, neutral)	**ningal̲** („ihr, Sie“, neutral)
3. Pers. m	**avan** (er)	**avar̲** („sie“, Mz)
	ayaal̲ („er“, respektvoll)	
	addeeham („er“, respektvollste Form)	
3. Pers. w	**aval̲** („sie“)	**avar̲** („sie“)
	avar̲ („sie“, respektvoll)	
3. Pers. s	**athŭ** („es“)	**ava** („sie“)

Da die Verben nicht gebeugt werden, braucht man die persönlichen Fürwörter fast immer. Entfallen kann ein Fürwort nur, wenn aus dem Zusammenhang klar wird, welche Person gemeint ist (das ist meist in der ersten Person der Fall).

Besitzanzeigende Fürwörter

Die besitzanzeigenden Fürwörter (Possessivpronomen) sind im Malayalam unabhängig von Geschlecht und Zahl des Hauptworts, d. h. unveränderlich.

	Einzahl	Mehrzahl
1. Pers.	**ente** („mein")	**ñangaḻuṯe** („unser", exkl.) **nammaḻuṯe** („unser", inkl.)
2. Pers.	**ninte** („dein", abwertend, sonst zu Kindern/Freunden) **ningaḻuṯe** („dein, Ihr", neutrale Form) **thaankaḻuṯe** („Sie", respektvollste Form)	**ningaḻuṯe** („euer", Mz von „du", z. B. zwei Kinder) **ningaḻuṯe** („euer, Ihr", neutrale Form)
3. Pers. m	**avante** („sein") **ayaaḻuṯe** („sein", respektvoll) **addeehatthinte** („sein", respektvollste Form)	**avaruṯe** („ihr")
3. Pers. w	**avaḻuṯe** („ihr") **avaruṯe**(„ihr", respektvoll)	**avaruṯe** („ihr")
3. Pers. s	**athinte** („sein")	**avayuṯe** („ihr")

ente lookam
meine Welt

nammaḻuṯe lookam
unsere (inkl.) Welt

ningaḻuṯe peerŭ?
Ihr Name?

ente peerŭ
mein Name

ñangaḻuṯe hoṯṯal
unser (exkl.) Hotel

avaruṯe viiṯŭ
ihr (Mz) Haus

Wem? oder Wen?

Fürwörter können wie Hauptwörter gebeugt werden. Neben den oben dargestellten persönlichen und besitzanzeigenden Fürwörtern (Personal- und Possessivpronomen) gibt es natürlich noch zahlreiche weitere Fürwörter, die wir hier nicht alle aufführen können. Deshalb nur eine Übersicht zur 1. Person Einzahl („ich") und 2. Person Einzahl („du, Sie"), die ja mit der Mehrzahl identisch ist. Diese Fürwörter werden Sie wahrscheinlich in Gesprächen am häufigsten brauchen.

Fall	1. Pers. Ez	2. Pers. Ez/Mz (neutrale Form)
1. Nom.	**ñaan** („ich")	**ningaḻ** („du, Sie, ihr")
2. Gen.	**ente** („mein")	**ningaḻuṯe** („dein, Ihr, euer")
3. Dat.	**enikkŭ** („mir")	**ningaḻkkŭ** („dir, Ihnen, euch")
4. Akk.	**enne** („mich")	**ningaḻe** („dich, euch, Sie")
5. Kom.	**ennooṯŭ** („mir")	**ningaḻooṯŭ** („dir, euch, Ihnen")
6. Instr.	**ennaal** („durch mich, von mir")	**ningaḻaal** („durch dich, von dir, durch Sie, von Ihnen (Ez), durch euch, von euch, durch Sie, von Ihnen (Mz)")
7. Lok.	**ennil** („in mir")	**ningaḻil** („in dir/Ihnen (Ez)/in euch/Ihnen (Mz)")

Verben & Zeiten

Verben werden im Malayalam nicht gebeugt (konjugiert), sie sind unabhängig von Geschlecht, Zahl und Person. Allerdings unterscheiden sich die Verb-Endungen zum Beispiel danach, ob es sich um einen Aussagesatz, einen Fragesatz oder einen Befehlssatz handelt, ferner ob der Satz etwas bejaht oder verneint, in welcher Zeit (Gegenwart, Vergangenheit, Zukunft) er steht und ob ein Hilfsverb („sein") oder Modalverb („können, wollen, müssen") verwendet wird.

Grundform

Die Grundform (Infinitiv) der Verben endet auf **-uka.**

varuka	**pookuka**	**vaanguka**
kommen	gehen	kaufen
pa<u>r</u>ayuka	**a<u>r</u>iyuka**	**manassilaakuka**
sprechen	wissen	verstehen
cheyyuka	**aakuka**	**kazhiyuka**
tun	werden	können

Verbstamm

Es gibt ein- und zweistämmige Verben.

Bei einstämmigen Verben erhält man den pimären Verbstamm, indem man die Infinitiv-Endung **-uka** abtrennt.

var-uka	kommen
var-	(primärer Stamm)

Der primäre Verbstamm ist aber nicht automatisch einsilbig!

Enthält der Infinitiv einen zwischen zwei Selbstlaute geschobenen Mitlaut, der die Aussprache erleichtert, so entfällt dieser im Verbstamm.

pa<u>r</u>a-y-uka	sprechen
pa<u>r</u>a-	(primärer Stamm)

Auch bei einer Mitlaut-Verdoppelung im Infinitiv gehört nur der erste Mitlaut zum Verbstamm:

chey-y-uka	tun
chey-	(primärer Stamm)

Zweistämmige Verben sind in der Wörterliste im Anhang durch „(II)“ gekennzeichnet.

Bei zweistämmigen Verben erhält man zunächst den abgeleiteten (derivativen) Verbstamm, indem man die Infinitiv-Endung **-uka** abtrennt.

Um dann den primären Verbstamm zu erhalten, trennt man das noch vorhandene **-(u)k(k)-** oder **-(y)kk-** ebenfalls ab.

pookuka	gehen
pook-	(derivativer Stamm)
poo-	(primärer Stamm)

samsaarikkuka	sich unterhalten
samsaarikk-	(derivativer Stamm)
samsaari-	(primärer Stamm)

Gegenwart

Die einfache Aussage in der Gegenwart erhält die Endung **-unnu,** die bei einstämmigen Verben an den primären, bei zweistämmigen Verben an den abgeleiteten (derivativen) Verbstamm angehängt wird. Wo dabei zwei Selbstlaute aufeinandertreffen, brauchen wir einen Mitlaut, z. B. **-y-**, zum „Abfedern“. Die Endung lautet für alle Personen gleich.

Obwohl Malayalam-Verben nicht gebeugt werden, verwenden wir der besseren Verständlichkeit wegen in der Wort-für-Wort-Übersetzung die passende gebeugte deutsche Verbform.

avaḻ paṟayunnu.
sie spricht
Sie spricht.

ñangaḻ varunnu.
wir(-exkl.) kommen
Wir kommen.

avan pookunnu.
Er geht.

Fragen & Verneinen in der Gegenwart

Im Fragesatz hängt man die Endung **-unnoo** oder **-unnuntoo** an den Verbstamm an (**-unn(u)-** für die Gegenwart + **-oo** oder **-untoo** für die Frage). In der Wort-für-Wort-Übersetzung steht für diese Fragepartikel das Fragezeichen.

avan pookunnoo?
er geht-?
Geht er?

avan pookunnuntoo?
er geht-?
Geht er?/Wird er gehen?

Die zweite Form deutet etwas stärker in die Zukunft.

Im verneinten Satz lautet die Endung in der Gegenwart **-unnilla** (**-unnu-** für die Gegenwart + **-illa** für die Verneinung).

ñangaḻ varunnilla.	**avan pookunnilla.**
wir(-exkl.) kommen-nicht	*er geht-nicht*
Wir kommen nicht.	Er geht nicht.

illa *bedeutet „nein" (im Sinne von „es gibt nicht"), aber auch „nicht", weil es (als Endung) Verben verneint. In der Wort-für-Wort-Übersetzung taucht es deshalb als „nicht" auf (wenn es als Endung verwendet wird) und als „nein", wenn es als eigenständiges Wort auftritt.*

Verlaufsform

Wie das Englische kennt auch das Malayalam eine Verlaufsform der Verben. Dadurch wird ausgedrückt, dass eine Handlung gerade im Gange ist. Man bildet einen einfachen Aussagesatz in der Verlaufsform der Gegenwart, indem man mit der Verbindung **-y-** die Endung **-aan̲ŭ** an den Infinitiv (Grundform) anhängt. Hier wird in der Umgangssprache (mit „U" gekennzeichnet) auch gerne stark verkürzt:

avan pookukayaan̲ŭ / **avan poon̲u** (U)
er ist-gehend
Er geht (gerade).

Vergangenheit

Die Vergangenheitsformen sind ziemlich kompliziert, so dass wir nicht alle Regeln erschöpfend darstellen können. Sie werden sie in der Praxis aber wahrscheinlich auch nicht so oft brauchen. Häufige Vergangenheitsendungen bei einstämmigen Verben sind **-thu, -ññu,** bei zweistämmigen Verben **-tthu** und

-cchu. Die Endungen **-nnu** und **-i** gibt es bei ein- und zweistämmigen Verben. Diese Endungen werden jeweils mit dem primären Verbstamm verbunden.

Manchmal braucht man wieder einen dazwischengeschobenen Mitlaut, z. B. -y-.

avaḻ vannu
sie kam

avan paṟaññu
er sprach

avan cheythu
er tat

avaḻ vaangi
sie kaufte

ñangaḻ pooyi
wir(-exkl.) gingen
wir (exkl.) gingen

avanŭ sukhakkeeṭaayi
er[3] erkrankte
er wurde krank

Bei dem zweistämmigen Verb **vaayikkuka** („lesen", primärer Verbstamm **vaayi-**) heißt es:

avan vaayicchu
er las

Endet ein Verbstamm auf **-r** oder **-zh,** wird dieser Mitlaut von der Endung assimiliert, quasi „aufgesaugt", und verschwindet. So bei **var-** von **varuka:**

avaḻ vannu
sie kam

Fragen & Verneinen in der Vergangenheit

Bei Fragen in der Vergangenheit wird **-oo** an den primären Verbstamm angefügt.

ningalkkŭ manassilaayoo?
Ihnen[3] verstand-?
Haben Sie verstanden?

enikkŭ manassilaayilla.
mir[3] verstand-nicht
Ich habe nicht verstanden.

In der Wort-für-Wort-Übersetzung wird das in die Vergangenheit gesetzte Verb zur besseren Verständlichkeit auch mit einer deutschen (gebeugten) Verbform übersetzt, auch wenn es sich im Malayalam um den Verbstamm plus Vergangenheitsendung handelt.

Zukunft

Die Zukunft ist einfacher. Im einfachen Futur wird im Aussagesatz in der Regel die Endung **-um** angefügt, bei einstämmigen Verben an den primären, bei zweistämmigen Verben an den abgeleiteten Verbstamm.

In der Wort-für-Wort-Übersetzung wird diese Zukunftsendung durch das Verb „werden" wiedergegeben.

ñangaḻ varum.
wir(-exkl.) kommen-werden
Wir werden kommen.

avaḻ vaangum.
sie kaufen-wird
Sie wird kaufen.

ñaan manassilaakkum.
ich verstehen-werde
Ich werde verstehen.

Fragen & Verneinen in der Zukunft

Im Fragesatz, der sich auf die Zukunft bezieht, wird an die Zukunftsform zusätzlich die Endung **-oo** angefügt.

avan varumoo?
er kommen-wird-?
Wird er kommen?

Für die Verneinung in der Zukunft verwendet man den Infinitiv + **-illa.** Der besseren Aussprache wegen wird auch hier hin und wieder ein **-y-** oder ein anderer Mitlaut dazwischengemogelt.

ñangaḻ varukayilla. bzw. **ñangaḻ varilla.** (U)
wir(-exkl.) kommen(-werden)-nicht
Wir werden nicht kommen.

Sein & Haben

Der Infinitiv von „sein" bzw. „werden" lautet **aakuka,** die Gegenwartsform lautet **aakunnu.** Die Endung **-unnu** wird als allgemeine Endung von Verben in der Gegenwartsform verwendet. Umgangssprachlich wird **aakunnu** häufig verkürzt zu **aaṉŭ:**

ñaan jaṟmankaari aakunnu/aaṉŭ. (U)
ich Deutschland-Zugehörige bin
Ich bin Deutsche.

Da Malayalis sehr schnell sprechen, neigen sie dazu, Wörter miteinander zu verbinden. Dies schlägt sich auch im Schriftbild nieder. Häufig werden Wörter einfach zusammengeschrieben. Wenn dabei zwei Selbstlaute aufeinandertreffen, wird ein verbindender Mitlaut dazwischen geschoben, hier z. B. ein **-y-**. Diesen Mitlaut hört man meist auch automatisch, wenn man versucht, den Satz schnell auszusprechen.

ñaan jarmankaari + ya + aanŭ
= ñaan jarmankaariyaanŭ.

nii oru sundarikuttiyaanŭ.
du ein schönes-Kind-bist
Du bist ein schönes Kind.

avan vayassan aanŭ.
er alt ist
Er ist alt.

Der Malayalam-Ausdruck für „es gibt" heißt **untŭ.** Dieses **untŭ** kann aber auch „sein", „haben" (auch im Sinne von „besitzen") oder „es gibt" bedeuten. Wird es im Sinne von „haben" benutzt, steht das Subjekt (Satzgegenstand) im 3. Fall (Dativ).

enikkŭ santhoosham untŭ.
mir[3] Freude es-gibt
Ich freue mich.

enikkŭ pani untŭ.
mir[3] Fieber es-gibt
Ich habe Fieber.

Keeralatthil aanakal untŭ.
Kerala(-in)[7] Elefanten es-gibt
In Kerala gibt es Elefanten.

aanayekkanta saayipinne poole.
(„Elefant-gesehener Westler[4] gleich")
„Wie ein Europäer, der einen Elefanten gesehen hat ..." sagen die Malayalis über jemanden mit freudig-erregtem Gesichtsausdruck.

Umstandswörter

Umstandswörter (Adverbien) als Wortart im ursprünglichen Sinne gibt es im Malayalam nicht. Sie sind immer aus anderen Wortarten abgeleitet, werden dann aber wie im Deutschen verwendet.

innŭ	heute („dieser Tag“)
valare	sehr, viel, viele (von valaruka „wachsen“)

Umstandswörter stehen meist vor dem Verb. Umstandswörter des Grundes stehen jedoch am Satzanfang.

basŭ utane pookum.
Bus sofort fahren-wird
Der Bus wird sofort abfahren.

athukontŭ ñaan malayaalam pathikkunnu.
deswegen ich Malayalam lerne
Deswegen lerne ich Malayalam.

ippool	jetzt
valare	sehr, viel, viele
kuracchŭ	ein wenig
urakke	laut
veegam	schnell
maathram	nur
orumicchŭ	zusammen
thiircchayaayum	sicherlich

basŭ veegam ootunnu.
Bus schnell fährt
Der Bus fährt schnell.

Fragen & Antworten

Wie im Deutschen unterscheidet man im Malayalam zwischen Entscheidungsfragen (Antwort: Ja oder Nein) und Satzfragen, die mit Fragewörtern gebildet werden. Gibt es ein Fragewort, wird es in der Regel vor das Verb gesetzt. Das Subjekt steht am Satzanfang.

ii basŭ eviṭeekkŭ pookunnu?
dieser Bus wohin fährt
Wohin fährt dieser Bus?

ii basŭ Kocchiikkŭ pookunnu.
dieser Bus Kochi(-nach)[8] fährt
Dieser Bus fährt nach Kochi.

aarŭ?	wer?	**Fragewörter**
enthŭ?	was?	
aaruṭe?	wessen?	
aaṟkkŭ?	wem?	
aare?	wen?	
eethŭ?	welche/-r/-s?	
eppool?	wann?	
eviṭe?	wo?	
engooṭṭŭ?, eviṭeekkŭ?	wohin?	
eviṭeninnŭ?	woher?	
ethṟa samayam?	wie lange?	
ethṟa?	wie viel/-e?	
enthukoṇṭŭ?	warum?	
enthinŭ?	wofür?	
engane?	wie?	

Entscheidungsfragen

Wenn man nach einer Bestätigung oder Verneinung fragt (Entscheidungsfrage), bekommt das jeweilige Verb die Frage-Endung **-un̲t̲oo** oder **-oo** (s. a. Kapitel „Verben & Zeiten"). Man antwortet mit Ja, indem man das jeweilige Verb der Frage in der Aussageform mit der Endung **-un̲t̲ŭ** wiederholt. Man kann auch einfach nur mit **un̲t̲ŭ** (ja) antworten. Wird die Frage verneint, endet das Verb entsprechend auf **-illa,** oder die einfache Antwort lautet **illa** (nein, nicht).

In der Wort-für-Wort-Übersetzung werden die Fragepartikeln durch das Fragenzeichen („?") dargestellt.

ningal̲kkŭ vis̲akkunnun̲t̲oo? **un̲t̲ŭ./illa.**
Ihnen[3] hungert-? *es-gibt/es-gibt-nicht*
Sind Sie hungrig? Ja./Nein.

enikkŭ vis̲akkunnun̲t̲ŭ/vis̲akkunnilla.
mir[3] hungert/hungert-nicht
Ich bin hungrig/nicht hungrig.

mur̲iyil tiivi un̲t̲oo? **un̲t̲ŭ./illa.**
Zimmer(-in)[7] TV es-gibt-? *es-gibt/es-gibt-nicht*
Gibt es im Zimmer einen Fernseher? Ja./Nein.

mur̲iyil tiivi un̲t̲ŭ/illa.
Zimmer(-in)[7] TV es-gibt/es-gibt-nicht
Im Zimmer gibt es einen Fernseher.

Entscheidungsfragen mit „aakuka" (sein, werden)

Wird die Frage mit dem Verb **aakuka** (sein, werden) gestellt, wird in der Antwort **-aan̲ŭ** an den Verbstamm angehängt. Wird die Frage bejaht, kann man auch einfach mit **athe** (ja) antworten. Wird die Frage verneint, endet das Verb auf **-alla,** oder die einfache Antwort lautet **alla** (nein).

ningaḻ jaṟmankaaran/jaṟmankaari aaṉoo?
Sie Deutschland-Zugehöriger/-Zugehörige sind-?
Sind Sie Deutscher?

athe, ñaan jaṟmankaaran/jaṟmankaari aaṉŭ.
ja, ich Deutschland-Zugehöriger/-Zugehörige bin
Ja, ich bin Deutscher/Deutsche.

alla, ñaan aasthṟiyakkaaran/aasthṟiyakkaari aaṉŭ.
nein, ich Österreich-Zugehöriger(m)/ -Zugehörige(w) bin
Nein, ich bin Österreicher/-in.

suggestiv gestellte Entscheidungsfragen

Sehr häufig werden Fragen im Malayalam auch negativ (und damit meist suggestiver) formuliert, z. B. wenn ein Zweifel ausgedrückt werden soll. Solche Fragen enden auf die Fragepartikel **-illee,** die an die jeweilige Zeitform angehängt wird.

avan pookunnillee?
er geht-nicht-?
Geht er (doch) nicht?

avaḻ pookukayillee? / avaḻ pookillee? (U)
sie gehen-wird-nicht-?
Wird sie nicht gehen?

Sollte es in einem indischen Hotelzimmer tatsächlich keine Kakerlaken geben, ist das meist ein Zeichen für den umfangreichen Einsatz der „chemischen Keule“. Immer – auch in einem 5-Sterne-Hotel – sollte man vorsichtshalber nachts alle Gepäckstücke gut geschlossen halten. Sonst importiert man die Tierchen eventuell nach Deutschland ...

Die Frage-Endung **-alloo** beinhaltet eine Annahme, dass etwas nicht der Fall ist, und ist höflicher als die Endung **-illee.**

mur̲iyil paata illalloo?
Zimmer(-in)[7] Kakerlake gibt-es-doch-nicht-?
Im Zimmer gibt es doch keine Kakerlaken, oder?

mur̲iyil paata illa.
Zimmer(-in)[7] Kakerlake gibt-es-nicht
Im Zimmer gibt es keine Kakerlaken.

Oder kurz:

illa.
Nein.

Können, Wollen & Müssen

Die deutschen Modalverben werden im Malayalam durch Verben oder Verb-Endungen ausgedrückt.

können

Das deutsche Modalverb „können“ wird im Malayalam mit **kazhiyuka** wiedergegeben. Es drückt die Möglichkeit oder Unmöglichkeit eines Sachverhalts oder einer Handlung aus. Diesem Modalverb wird das Vollverb, bestehend aus Stamm (bei einstämmigen Verben dem primären, bei zweistämmigen dem abgeleiteten Stamm) plus der Endung **-aan,** vorangestellt. Diese Endung drückt einen Zweck oder eine Richtung aus und lässt sich am besten mit der deutschen Konstruktion „um zu ..." übersetzen.

ariyaan	**um zu wissen**

Weil „können" in der Gegenwart auf die Zukunft (Futur) gerichtet ist, wird die Endung des Futurs **-um** an den primären Verbstamm **kazhi-+-y-** angefügt. Deutsche Sätze, in denen „können" in der Gegenwartsform auftaucht, werden in Malayalam im Futur wiedergegeben!

Raamanŭ varaan kazhiyum.
Raaman[3] um-zu-kommen können-wird
Raman kann („ist in der Lage zu") kommen.

Kamalakkŭ varaan kazhiyumoo?
Kamala[3] um-zu-kommen können-wird-?
Kann Kamala kommen?

Die Antwort auf Fragen mit „Können Sie ..." gibt man bejaht mit **kazhiyum,** verneint mit **kazhiyilla.**

ningaḻkkŭ varaan kazhiyumoo?
Ihnen[3] um-zu-kommen können-werden-?
Können Sie kommen?

enikkŭ varaan kazhiyum.
mir[3] um-zu-kommen können-werde
Ich kann kommen.

enikkŭ varaan kazhiyilla.
mir[3] um-zu-kommen kann-nicht
Ich kann nicht kommen.

müssen/wollen

Das deutsche Modalverb „müssen" wird im Malayalam durch die Endung **-anam** ausgedrückt. Sie gibt eine verbindliche Bitte, Aufforderung oder einen schwachen Befehl wieder. Auch ein Sachverhalt, der eine Absicht darstellt und auf Deutsch durch „möchten" ausgedrückt wird, kann mit dieser Endung wiedergegeben werden. Diese Endung ist aus dem defektiven Verb **veenam** abgeleitet und drückt aus, dass etwas gewünscht, gebraucht oder gewollt wird. **Veenam** kann entweder in Verbindung mit einem Akkusativobjekt oder in Form der Verb-Endung auftreten. Soll eine Absicht ausgedrückt werden, steht das Subjekt (Satzgegenstand) im 3. Fall (Dativ).

„Defektiv" bedeutet, dass für dieses Verb nicht alle Zeitformen existieren.

„Möchten" aufgrund bestimmter Zwänge, aber die Entscheidung liegt bei einem selbst.

enikkŭ kaappi veenam.
mir[3] Kaffee möchte
Ich möchte Kaffee.

enikkŭ pookanam.
mir[3] gehen-möchte
Ich möchte gehen.

avalkkŭ dooktare kaananam.
ihr[3] Arzt[4] sehen-möchte
Sie möchte den Arzt sehen.

Bei Geboten und Aufforderungen steht das Subjekt (Satzgegenstand) im 1. Fall, wenn äußere Umstände eine Handlung verlangen:

- Die äußeren Umstände verlangen eine Handlung:

ñaan pookanam.
ich gehen-muss
Ich muss gehen.

aval dooktare kaananam.
sie Arzt[4] sehen-muss
Sie muss den Arzt sehen.

„Müssen": Die Entscheidung braucht nicht ganz freiwillig getroffen worden zu sein.

- Die Verneinung von **veenam** lautet **veenta** und drückt aus, dass etwas nicht erwünscht ist.

enikkŭ kaappi veenta.
mir[3] Kaffee möchte-nicht
Ich möchte keinen Kaffee.

kaappi veenta. (U)
Kaffee möchte-nicht
Möchte keinen Kaffee.

In der Umgangssprache entfällt das persönliche Fürwort oft auch.

enikkŭ pookanta.
mir[3] gehen-möchte-nicht
Ich möchte nicht gehen.

- Die äußeren Umstände verlangen nicht, dass gehandelt wird:

ñaan pookanta.
ich gehen-muss-nicht
Ich muss nicht gehen.

aval dooktare kaananta.
sie Arzt[4] sehen-muss-nicht
Sie muss nicht den Arzt sehen.

Bitten, Auffordern & Befehlen

In der höflichen Anrede **ningaḷ** (Sie) endet der Imperativ (Befehlsform) in der Umgangssprache auf **-uu,** das bei einstämmigen Verben an den primären, bei zweistämmigen Verben an den derivativen Verbstamm angehängt wird.

Redet man jemanden mit **nii** (du) an (d. h. Kinder und gute Freunde) sowie in der Umgangssprache, wird verkürzt nur der pimäre Verbstamm verwendet. Endet der primäre Verbstamm auf einem Mitlaut, wird aus Ausprachegründen der Halbvokal **-ŭ** angehängt.

In der Wort-für-Wort-Übersetzung werden Befehlsformen mit dem Ausrufezeichen gekennzeichnet. Auch der Infinitiv selbst wird zuweilen mit Aufforderungscharakter verwendet.

thinnuka	*essen*	essen (einstämmig)
thinnuu!	*iss-höfl.!*	Essen Sie!
thinnŭ!	*iss!*	Iss!
niṟthuka	*anhalten*	anhalten (einst.)
niṟthuu	*anhalte-höfl.!*	Halten Sie an!
niṟthŭ	*anhalt!*	Halt an!
pookuka	*gehen*	gehen (zweistämmig)
pookuu!	*geh-höfl.!*	Gehen Sie!
poo!	*geh!*	Geh!

Die Verben varuka *(kommen) und* tharuka *(geben) haben unregelmäßige Befehlsformen.*

varuu!	**vaa!**	**tharuu!**	**thaa!**
komm-höfl.!	*komm!*	*gib-höfl.!*	*gib!*
Kommen Sie!	Komm!	Geben Sie!	Gib!

dayavaayi iviṭe irikkuu.
bitte hier sitz-höfl.!
Bitte setzen Sie sich hier.

oru chaaya kontuvaruu.
ein Tee mit-kommen-höfl.!
(gemeint ist: „Kommen Sie mit einem Tee.")
Bringen Sie mir bitte einen Tee.

chillara tharuu.
Wechselgeld gib-höfl.!
Geben Sie mir bitte das Wechselgeld.

Wenn man jemanden auffordert, etwas nicht zu tun, oder etwas verbietet, sind die normale höfliche und die informelle Form identisch. Die Endung **-aruthŭ** wird bei einstämmigen Verben an den primären, bei zweistämmigen an den derivativen Verbstamm angehängt.

pookaruthŭ!
geh-nicht/-höfl.!
Geh(en Sie) nicht!

athŭ cheyyaruthŭ!
das tu-nicht/-höfl.!
Tu(n Sie) das nicht!

sigaretŭ valikkaruthŭ!
Zigarette rauch-nicht/-höfl.!
Rauchen verboten!

Die Aufforderung, die den Sprecher/die Sprecherin miteinschließt („Lasst uns ...") ist durch die Endung **-aam** gekennzeichnet.

Die Endung -aam *kann auch mit „können" übersetzt werden.*

pookaam!
gehen-wir(inkl.)!
Lasst uns gehen!
Wir können gehen.

kaappi kutikkaam!
Kaffee trinken-wir(inkl.)!
Lasst uns Kaffee trinken!
Wir können Kaffee trinken.

Verhältniswörter

Im Malayalam gibt es nicht so viele Verhältniswörter, da einige durch Fälle, wie den Lokativ und Allativ, überflüssig gemacht werden (s. Kap. „Hauptwörter").

Die Verhältniswörter im Malayalam verlangen zum Teil andere Fälle als im Deutschen. Sie werden in der Regel nachgestellt, sind also „Postpositionen".

kuuṯe [+5]	mit
kaaraṉam [+1]	wegen
ninnŭ [+7]	aus, von
kuuṯaathe [+1]	ohne
meele [+2]	auf
arikil, arike [+3]	neben
kiizhil, thaazhe [+2]	unter

ñaan sneehithanooṯŭ kuuṯe kaappi kuṯikkunnu.
ich Freund⁵ mit Kaffee trinke
Ich trinke mit dem Freund Kaffee.

paṯṯaṉatthil ninnŭ
Stadt(-in)⁷ aus
aus der Stadt

ksheethṟatthinŭ arikil
Tempel³ neben
neben dem Tempel

**eṟaṉaakuḷatthil ninnŭ/
eṟaṉaakuḷatthuninnŭ** (U)
Ernakulam(-in)⁷ aus
aus Ernakulam

kaalaavasṯha kaaraṉam
Wetter wegen
wegen des Wetters

Bindewörter

Bindewörter (Konjunktionen) gibt es im Malayalam nicht. Ihre Bedeutung wird durch Partikeln (Endungen) wiedergegeben.

und, auch/sogar

Die Endung **-um** erfüllt die Funktion „und“, indem sie an jedes der zu verbindenden Wörter angehängt wird. Angehängt an ein Wort, verstärkt sie dessen Bedeutung im Sinne von „sogar, auch“.

ñaanum niiyum
ich-und du-und
ich und du

avalum avanum
sie-und er-und
sie und er

varunnum pookunnum untŭ.
kommen-und gehen-und es-gibt
Es gibt/ist ein Kommen und Gehen.

avanum varum.
er-sogar/-auch kommen-wird
Sogar er wird kommen./
Er wird auch kommen.

oder

Die bereits bekannte Frage-Endung **-oo** bedeutet „oder“, wenn sie an jedes der betroffenen Wörter angehängt wird.

athŭ nallathoo chiitthayoo?
es gut-oder schlecht-oder
Ist es gut oder schlecht?

ñaanoo niiyoo
ich-oder du-oder
Ich oder du?

Zahlen & Zählen

Die Zahlen in Malayalam werden weitgehend systematisch auf Grundlage der ersten zehn Grundzahlen, der 100 und der 1.000 gebildet.

Grundzahlen

Null heißt puujyam.

1 **onnŭ**	6 **aaṟŭ**
2 **raṉṯŭ/iraṉṯŭ**	7 **eezhŭ**
3 **muunnŭ**	8 **eṯṯŭ**
4 **naalŭ**	9 **onpathŭ**
5 **añchŭ**	10 **patthŭ**

Die Zahlen 11 und 13 bis 18 sind regelmäßig. Sie werden aus **patthŭ** plus Grundzahl und mit **-i-** als verbindendem Selbstlaut zusammengesetzt.

Das ohnehin schon kaum hörbare **-ŭ** von **patthŭ** wird „verschluckt", das **-tth-** wird verkürzt zu **-th-**. Wo zwei Selbstlaute aufeinander treffen, wird ein **-n-** eingefügt. Die Zahlen 12 und 19 sind unregelmäßig.

11 **pathinonnŭ**	16 **pathinaaṟŭ**
zehn-eins	*zehn-sechs*
12 **panthraṉṯŭ**	17 **pathineezhŭ**
13 **pathimuunnŭ**	18 **pathineṯṯŭ**
14 **pathinaalŭ**	19 **patthonpathŭ**
15 **pathinañchŭ**	

Die Zehnerzahlen von 20 bis 80 werden im Prinzip gebildet, indem man **-pathŭ** (von **patthŭ** „10") an den Stamm der jeweiligen Grundzahlen anhängt. Die 90 ist unregelmäßig.

20	**irupathŭ**	60	**aṟupathŭ**
30	**muppathŭ**	70	**ezhupathŭ**
40	**naalpathŭ**	80	**eṉpathŭ**
50	**anpathŭ**	90	**thoṉṉuuṟŭ**

Dass der Stamm der Grundzahlen hier nicht immer eindeutig wiederzuerkennen ist, liegt daran, dass sich gerade die Zahlen im Malayalam je nach Dialekt unterscheiden. Die Ableitungsregel bezieht sich auf die alte Hochsprache. Wir haben aber die heute gebräuchlichsten Formen angegeben.

Damit haben wir die Bausteine für die anderen Zahlen „dazwischen", die recht systematisch gebildet werden:

Die Zehnerzahl wird durch das dazwischengeschobene **-i-** (statt **ŭ,** das entfällt wieder) mit der Einerzahl verbunden.

21	**irupatthyonnŭ**	*zwanzig-eins*
22	**irupatthiraṇṭŭ**	*zwanzig-zwei*
23	**irupatthimuunnŭ**	*zwanzig-drei*
24	**irupatthinaalŭ**	*zwanzig-vier*
25	**irupatthiyañchŭ**	*zwanzig-fünf*

Hin und wieder gibt es Lautverschiebungen.

100	**nuuṟŭ**	600	**aṟunuuṟŭ**
200	**irunuuṟŭ**	700	**ezhunuuṟŭ**
300	**munnuuṟŭ**	800	**eṉnuuṟŭ**
400	**naanuuṟŭ**	900	**thoḷḷaayiram**
500	**aññuuṟŭ**		

Die Hunderter von 200 bis 800 werden im Prinzip gebildet, indem man die Zahl 100 an den Stamm der jeweiligen Grundzahlen anhängt. Die 900 ist unregelmäßig.

Die Tausender werden im Prinzip gebildet, indem man -aayiram *(1.000) an den Stamm der jeweiligen Grundzahlen anhängt. Hin und wieder gibt es Lautverschiebungen. Diese Zahlen können als Rupien-Preise häufig vorkommen.*

1.000	**aayiram**
2.000	**rantaayiram**
3.000	**muuvvaayiram**
4.000	**naalaayiram**
5.000	**ayyaayiram**
6.000	**aaraayiram**
7.000	**eezhaayiram**
8.000	**ennaayiram**
9.000	**onpathinaayiram**
10.000	**pathinaayiram**
100.000	**laksham** [1 lakh]
10.000.000	**kooti** [1 crore]

Und so können Sie jetzt kombinieren:

101	**nuutiyonnŭ**
121	**nuutiyirupatthiyonnŭ**
1.001	**aayiratthonnŭ**
1.213	**aayiratthi-irunuuti-pathimuunnŭ**

Brüche

½ **ara** ¼ **kaal** ¾ **mukkaal**

zählen

Beim Zählen stehen die Zahlen wie im Deutschen meist vor dem Hauptwort. Das Hauptwort steht dabei oft in der Einzahl.

añchŭ kiloo
fünf Kilo
fünf Kilo

nuutiyanpathŭ ruupa
hunderfünfzig Rupie
hunderfünfzig Rupien

onnŭ (eins) oder Zahlen, die auf **-onnŭ** enden, können nicht vor der zu zählenden Sache stehen. Deshalb benutzt man stattdessen den unbestimmten Artikel.

Häufige Anwendungen der Zahlen, z. B. in Zeitangaben, Datum und Preisen, finden Sie im Konversationsteil.

oru divasam	**irupatthyonnŭ man̲ikkŭ**
ein Tag	*zwanzig-eins Uhr-um*
ein Tag	um 21 Uhr

Für Personen gibt es spezielle Zahlwörter.

oruvan	eine Person	**iruvar̲**	zwei Personen
oruval̲	eine Frau	**muuvar̲**	drei Personen

innale oruvan ivit̲e vannu.
gestern Einer hier kam
Gestern kam einer/jemand hierher.

Ordnungszahlen

Einfache Ordnungszahlen gibt es im Malayalam nicht. Sie können aber abgeleitet werden, indem man die Endung **-aam** an den Stamm der Grundzahl anhängt. Sie stehen vor dem Hauptwort.

onnaam	**onnaam thiiyathi**
erster	*erstes Datum*
erster	der erste Tag des Monats

ran̲t̲aam	**ran̲t̲aam thavan̲a**
zweiter	*zweites Mal*
zweiter	das zweite Mal

Lighthouse Beach, Kovalam

Kurz-Knigge

Kleiderordnung: Zusätzlich zur eigenen Bequemlichkeit – helle, luftige Kleidung aus Naturfasern – lohnen sich ein paar Gedanken darüber, wie man in seinem „Outfit" von Einheimischen wahrgenommen wird. Allzu legere Klamotten mögen am Strand akzeptabel sein. Beim Einkaufen in der Stadt, in einem Tempel oder beim Besuch einer keralesischen Familie sind sie es sicher nicht. Es sei denn, man will als „Hippie" gelten, ein Begriff, der in Kerala wenig Positives beinhaltet. Jeder „Hippie" macht mit seiner Kleidung und seinem Verhalten nicht nur eine Aussage über sich selbst, sondern auch über die Gesellschaft, aus der er kommt. Eine Deutsche, die sich (aus indischer Sicht!) allzu aufreizend verhält, vermittelt den Eindruck, dass „Westlerinnen" (= Europäerinnen, Amerikanerinnen etc.) „leicht zu haben" seien. Sie hat damit nicht nur Einfluss auf ihre eigene Situation, sondern auch auf die anderer Touristinnen. Andererseits können natürlich auch die Malayalis differenzieren, ob eine Ausländerin „so eine" ist oder nicht.

Sinnvoll Anpassungsbereitsschaft zu zeigen, heißt für Frauen, dass die Kleidung auch Beine, Schultern und Oberarme bedecken sollte. Besonders geeignet ist ein **churidaaṟ**, bestehend aus einer weiten Hose, einem langen Oberteil und einer Art Schal. Als Mann liegt man mit langer Hose und Hemd, wie sie indische Männer tragen, richtig. Auf den in Kerala so beliebten **muṇṭŭ** (ein Tuch, dass um die Hüfte geschlungen wird) sollte man als Ausländer nur im häuslichen Umfeld zurückgreifen, d. h. wenn man bei einer Familie oder in einem

Dorf übernachtet. In den Dörfern in Kerala tragen auch die Frauen traditionell **muntŭ,** nicht dagegen in Tamil Nadu und anderen südindischen Bundesstaaten!

Höflichkeit siegt – das gilt grundsätzlich, aber keine Regel ohne Ausnahmen! In Kerala finden Sie solche Ausnahmesituationen vor allem an Ticket-Schaltern und bei Versuchen, in Bahn oder Bus den besten Sitzplatz (oder überhaupt einen) zu ergattern. In diesen Fällen siegt ganz brutal, wer am besten drängeln kann. Und es ist durchaus angebracht, sich an diesem „Wettbewerb" mit Sportsgeist zu beteiligen.

In der Bahn gibt es häufig ganze Waggons oder einzelne Abteile nur für Frauen. Aber neben wem auch immer Sie sitzen – fast jede Bus- oder Bahnfahrt wird sich als gute Gelegenheit erweisen, Ihr Malayalam auszuprobieren!

Sitzcode in Bus & Bahn: Auf der anderen Seite finden Sie sich dann als Frau vielleicht in einem vollen Bus sitzen, und der Platz neben Ihnen bleibt leer, obwohl viele Männer stehen müssen. Denn die Regel, dass Männer und Frauen im Bus getrennt sitzen, wird oft noch befolgt. Was durchaus Vorteile hat, denn so manche „Tuchfühlung", mehr oder weniger beabsichtigt, lässt sich dadurch vermeiden. Wie das System funktioniert, vorne und hinten, rechts und links, oder einfach nur in unterschiedlichen Reihen, erkennt man leicht. Grundsätzlich setzt man sich als Mann nicht neben eine Frau. Als Frau setzt man sich nicht neben einen Mann, solange es Alternativen gibt. Männer und Frauen, die zusammen reisen, sitzen manchmal (aber auch das nicht immer!) nebeneinander.

Tischmanieren

In Kerala wird in der Regel mit der Hand gegessen. Das gilt als Kunst, die nicht jedem Ausländer zugetraut wird. Umso mehr lohnt es sich, sie zu beherrschen. Zentrale Grundregel ist, dass man zum Essen die rechte Hand benutzt. Aber wirklich nur die rechte Hand! Die linke Hand ist für ganz andere Zwecke reserviert ... (s. Seite 133). Und natürlich sollte man sich vor und nach dem Essen gründlich die Hände waschen. Gegebenenfalls fragen Sie:

evi̱te kai kazhukaam?
wo Hände waschen-kann
Wo kann ich mir die Hände waschen?

Aufessen ist nicht unbedingt Pflicht. Essen Sie, so viel Sie schaffen. Zwischendurch hilft natürlich ein freundliches **mathi!** (genug!), wenn der Kellner oder Gastgeber immer wieder nachfüllt – und das passiert oft. Wird das Essen traditionell auf einem Bananenblatt serviert, so falten sie dieses, wenn Sie satt sind, nach hinten.

Füße & Schuhe

Nicht nur die linke Hand, auch die Füße als unterster Teil des Körpers gelten als unrein. Wenn man jemanden versehentlich mit den Füßen berührt, ist unbedingt eine Geste der Entschuldigung nötig. Umgekehrt erweisen jüngere Menschen älteren Respekt, indem sie sich vor ihnen verbeugen und die Füße der Respektsperson mit den Händen berühren. Das werden Sie hin und wieder sehen, praktisch brauchen Sie das sicher nicht.

Schuhe sind vor Betreten eines Hauses, eines Gotteshauses (Tempel, Kirche, Moschee) und oft auch eines Büros, Geschäfts oder Internet-Cafés auszuziehen. Ob dies im Einzelfall gilt, erkennt man leicht an der Ansammlung von Schuhen vor der Tür.

Trinkgeld

Für Trinkgeld gibt es keine feste Regel. In Restaurants gibt man etwa fünf bis zehn Prozent der Rechnung als Trinkgeld. Auch für kleine Serviceleistungen (Gepäck tragen, Erledigungen wie Einkaufen etc.) gibt man ein Trinkgeld. Natürlich wird von reichen Touristen ein wenig Großzügigkeit erwartet, denn das Einkommensgefälle zwischen Deutschen und Keralesen ist enorm. In einigen Fällen mag sich dies in einer überraschend selbstbewuss-

Als reich gelten Ausländer in Kerala grundsätzlich, auch wenn Sie sich nicht so fühlen mögen. Schließlich konnten Sie sich schon mal den teuren Flug leisten.

ten Anspruchshaltung ausdrücken. Gerade Gepäck-Träger (**chumaṯṯuthozhilaalikal**) sind in Kerala gewerkschaftlich stark organisiert. Falls Sie – wenn auch nur aus deutscher Gewohnheit – in Versuchung kommen, zum Beispiel am Bahnhof Ihr Gepäck selbst tragen zu wollen, dann erlaubt Ihnen der Gepäck-Träger das durchaus. Ihm genügt es schließlich, wenn Sie ihm nur das Geld geben:

kaaṣū enikkū thannaal mathi.
Geld mir[3] geben genug

Anrede, Namen & Kasten

Die Familienzugehörigkeit wird in Kerala durch den Hausnamen bezeichnet. Der ist allerdings im Alltag wenig relevant, er wird nicht als Familienname benutzt.

Anrede

Aufgrund der kolonialgeschichtlichen Vergangenheit sind englische Anredeformen in Kerala gebräuchlich, und zwar in Verbindung mit dem Vor- oder Nachnamen, beides geht.

Mistaṟ ... (m) [Mr.]
Herr ...

Missis ... (w) [Mrs.]
Frau ...

Saar (m) [Sir]
mein Herr

Meeḏam (w) [Madam]
meine Dame

Selten werden Personen mit ihrem Namen angesprochen. Personen der gleichen Generation, die etwas älter sind, als man selbst, nennt man:

cheecchi
ältere Schwester

cheeṯṯan
älterer Bruder

In Verbindung mit dem Namen wird cheeṯṯan *ggf. verkürzt zu* -eeṯṯan, *aus* Chandran *wird so z. B.* Chandreeṯṯan.

Man ruft:

cheecchii!
ältere Schwester![9]

cheeṯṯaa!
älterer Bruder![9]

Anredeformen für Personen einer älteren Generation, als man selbst, sind:

amma/valyamma	*Mutter / Tante*
acchaayan/ammaavan	*Vater/Onkel*
ammee!/valyammee!	*Mutter[9]! / Tante![9]*
acchaayaa!/ammaavaa!	*Vater![9]/Onkel![9]*

Wenn man die betreffende Person ruft, stehen die Anredeformen im 9. Fall.

Sehr viel ältere Frauen nennt man **ammacchi.** Man ruft **ammacchii!** Jüngere Personen dagegen kann man beim Namen nennen. Bei kleineren Kindern hängt man oft **-moon** für Sohn oder **-mooḻ** für Tochter an den Namen an, z. B. **Soophimooḻ** in dem Bestseller-Roman „Der Gott der kleinen Dinge" von Arundhati Roy, der in Kerala spielt.

Man ruft:

moonee
Sohn![9]

mooḻee
Tochter![9]

Namen & Kasten

Der Name des berühmten Filmschauspielers Mammuutti *ist eine Zusammensetzung aus Mohamed +* -kutti *(„-Kind“).* -kutti *ist (wie* -amma*) eine beliebte Namensendung in Kerala, die die besondere Zuwendung der Familie ausdrückt.*

Am Namen erkennt man in Kerala meist leicht die Religionszugehörigkeit. Bei Hindus (und auch bei Christen sowie Muslimen in einigen Gegenden) sind dem Vornamen ein oder zwei Initialen vorangestellt. Der erste Buchstabe steht für den Hausnamen, der zweite für den Vornamen des Vaters. In einigen Fällen erkennt man am Namen auch die Kastenzugehörigkeit. Die höchste Kaste, die Brahmanen, heißen in Kerala zum Beispiel **Nampuuthiri** oder **Pooti.** Angehörige der zweithöchsten, der traditionellen Kriegerkaste, erkennt man an Namen wie **Naayar** oder **Meenoon.**

Typische christliche Namen sind beispielsweise **Auseeppŭ** [Joseph], **Maatthukkuttan** [Mathew], **Anthooni** [Antony] und **Aviraacchan** [Abraham]. Heißt jemand „Joseph Mathew“, so ist „Mathew“ allerdings nicht der Nachname, sondern der Vorname des Vaters. Eine Frau kann z. B. **Eeliyaamma** Mathew heißen, wobei **Eeliyaamma** eine Malayalisierung von Elisabeth darstellt und Mathew auch wieder der Vorname des Vaters ist.

Muslimische Namen haben ihren Ursprung meist im Arabischen oder Persischen, z. B. **Mammadŭ** [Mohamed] oder **Bashiir** für Männer, **Ariipha** oder **Kadiija** für Frauen.

Begrüßen & Verabschieden

In Kerala begrüßt man sich gegenseitig mit einem informellen **haloo** [hello] oder einem formelleren **namaskkaaram,** das „guten Morgen", „guten Tag" oder „guten Abend" bedeuten kann. Dabei werden die Hände vor der Brust zusammengelegt.

Hände zu schütteln ist unüblich!

Wie geht's?

sukhamallee?
Wohlergehen-ist-es-nicht-so-?
Wie geht es Ihnen?

sukham thanne.
Wohlergehen doch
Mir geht es gut.

sukhamaanoo?
wohlgehend-ist-?
Wie geht es Ihnen?

sukhamaanŭ.
wohlgehend-ist
Mir geht es gut.

viittilellaavarkkum sukham thanneyallee?
Haus(-in)[7]-alle-Personen gut ist-doch-nicht
Zu Hause geht es allen gut?

sich vorstellen

enthaa peerŭ?
was Name
Wie heißen Sie?

kantathil santhoosham.
Treffen(-in)[7] Freude
Freut mich, Sie zu treffen.

ente peerŭ Joosŭ. / ñaan Joosŭ.
mein Name Jose / ich Jose
Ich heiße Jose. / Ich bin Jose.

ithŭ Nisa.
dies Nisa
Dies ist Nisa.

athŭ Asookŭ.
das Ashok
Das ist Ashok.

sich verabschieden

pinnekkaanaam.
später-sehen-werden
Bis später!

viintum varika.
nochmals kommen
Kommen Sie wieder.

ñaan viintum/naale varaam.
ich wieder/morgen werde-kommen
Ich werde wieder/morgen kommen.

pooyvaraam.
geh-und-komme-zurück
Tschüss!

pooyivaratte.
gegangen-sein-kommen-werde
Auf Wiedersehen!

Floskeln & Redewendungen

Die Frage, ob man allein sei, überrascht so manchen alleinreisenden Touristen. Insbesondere alleinreisende Frauen mögen sich fragen, warum jemand das wissen will. Es ist aber eine absolut übliche Floskel ohne jeden Hintergedanken.

otakkaanoo? / otakkeyullu?
allein-bist-?
Bist du / Sind Sie allein?

enthŭ pati?
was passiert
Was ist los?

enthokkeyuntŭ viseesham?
was-noch Neuigkeit
Was gibt's sonst noch Neues?

saaramilla!
Problem-nicht
Kein Problem!

prathyeeka viseeshamonnumilla.
besondere Neuigkeit-eine-gibt-es-nicht
Es gibt keine besondere Neuigkeiten.

🎵 **ippool evi̱te pookunnu?   evi̱teninnŭ varunnu?**
jetzt wohin gehst/gehen-höfl.   woher kommst
Wohin gehst du gerade?   Woher kommst du?

🎵 **bhakshana̱m kazhicchoo?   veegam vaa.**
Essen eingenommen-?   schnell komm!
Hast du (schon) gegessen?   Komm bald.

kuu̱te varunnoo?   pinne varaam.
mit kommst-?   später kommen-kann
Kommst du mit?   Ich kann später kommen.

ithaa varunnu.   veegam varaam.
gleich komme   schnell kommen-kann
Ich komme gleich.   Ich kann bald kommen.

Das erste Gespräch

Wo auch immer Sie in Kerala hinkommen, ob Sie jemanden zu Hause treffen oder im Zug oder Bus eine Bekanntschaft machen, immer werden Sie auf ein reges Interesse an Ihrer Person stoßen. Dieses Interesse bezieht sich immer auch auf Ihre Familie, denn es ist im Wesentlichen die Familie, über die sich die Identität der Malayalis bestimmt.

🎵 **evi̱teninnŭ varunnu?   evi̱te thaamassikkunnu?**
wo her kommen   wo wohnen
Woher kommen Sie?   Wo wohnen Sie?

ithinumunpŭ Keeralatthil vannittuntoo?
vor-dieser-Zeit Kerala(-in)[7] gekommen-?
Waren Sie schon mal in Kerala?

ningal ivite enthinaayittŭ vannu?
Sie hier wofür kamen
Warum sind Sie hier her gekommen?

ethra naal ivite thaamasikkum?
wieviele Tag hier wohnen-werden
Wie lange werden Sie hier bleiben?

ningal ennŭ thiricchu pookum?
Sie wann zurück gehen-werden
Wann fliegen Sie wieder nach Hause?

ethra vayassaayi? enikkŭ muppathŭ vayassaayi.
wieviel alt-wurde mir[3] dreißig alt-wurde
Wie alt sind Sie? Ich bin dreißig Jahre alt.

Sollten Sie nicht verheiratet sein, wird's schwierig, denn dann werden Sie auch nach dem Grund gefragt.

vivaaham kazhicchathaanoo?
Heirat getan-?
Sind Sie verheiratet?

vivaahithan (m)	verheirateter Mann
vivaahitha (w)	verheiratete Frau
avivaahithan (m)	lediger Mann
avivaahitha (w)	ledige Frau
vivaahamoochithan (m)	geschiedener Mann
vivaahamoochitha (w)	geschiedene Frau
vibhaaryan (m)	Witwer
vidhava (w)	Witwe

enthee vivaaham kazhikkaathirunnathŭ?
warum Heirat getan-nicht
Warum haben Sie nicht geheiratet?

ningaḻkkŭ sahoodariisahoodaranmaaṟ uṇṭoo?
Ihnen[3] Schwester-Bruder(-Mz) es-gibt-?
Haben Sie Geschwister?

**acchhanammamaaṟ
jiivicchirippuṇṭoo?**
Vater-Mutter(-Mz) leben-?
Leben Ihre Eltern noch?

ethṟa kuṭṭikaḻ uṇṭŭ?
wieviele Kinder es-gibt
Wie viele Kinder haben Sie?

enikkŭ raṇṭŭ kuṭṭikaḻ uṇṭŭ.
mir[3] zwei Kinder es-gibt
Ich habe zwei Kinder.

**muuttha kuṭṭikkŭ ethṟa
vayassaayi?**
ältestem Kind[3] wieviel alt-wurde
Wie alt ist Ihr ältestes Kind?

ente makaḻkkŭ eezhŭ vayassaayi.
meiner Tochter[3] sieben alt-wurde
Meine Tochter ist sieben Jahre alt.

kuṭṭikaḻ enthŭ cheyyunnu?
Kinder was machen
Was machen Ihre Kinder?

avar skuulil [school] **pookunnu.**
sie Schule(-in)[7] gehen
Sie gehen zur Schule.

Beruf

enthaanŭ jooli?
was-ist Beruf
Was sind Sie von Beruf?

ñaan dooktar [doctor] **aanŭ.**
ich Doktor bin
Ich bin Arzt/Ärztin.

silpi (m/w)	Architekt/-in
krŭshikkaaran (m), **krŭshikkaari** (w), **karshakan** (m/w)	Bauer/Bäuerin
udyoogasthhan (m), **udyoogasthha** (w)	Beamter/Beamtin
kanakkappilla (m/w)	Buchhalter/-in
bisnaskaaran (m), **bisnaskaari** (w) [business-]	Geschäftsmann/-frau
injiniyar [engineer] (m/w)	Ingenieur/-in
pathrapravartthakan (m), **pathrapravartthaka** (w)	Journalist/-in
paachakakkaaran (m), **paachakakkaari** (w)	Koch/Köchin
neezhsŭ [nurse] (w)	Krankenschwester
meyil neezhsŭ [male nurse] (m)	Krankenpfleger
saar (m) [Sir], **adhyaapakan** (m)	Lehrer
tiicchar (w) [teacher], **adhyaapika** (w)	Lehrerin
kaaryasthhan (m), **kaaryasthha** (w)	Manager/-in
vakkiil (m/w)	Rechtsanwalt/-anwältin
saahithyakaaran (m), **saahithyakaari** (w)	Schriftsteller/-in
alakkukaaran (m), **alakkukaari** (w)	Wäscher/-in

ñaan vidyaartthhi/vidyaartthhini aanŭ.
ich Student/Studentin bin
Ich bin Student/-in (auch: Schüler/-in).

entha nii pathikkunnathŭ?
was du studierst-das
Was studierst du?

ñaan ikknoomiksŭ [economics] **pathikkunnu.**
ich Volkswirtschaft studiere
Ich studiere Volkswirtschaft.

em-bi-e [MBA]	Betriebswirtschaft
bhuumisaasthram	Geographie
politiksŭ [politics]	Politikwissenschaften
lo [law]	Jura
charithram	Geschichte
saamuuhyasaasthram	Soziologie
inthyan stadiis [Indian studies]	Indologie
medisin [medicine]	Medizin
kampyuutar [computer], **ai tii** [IT]	Computertechnik, Informatik
injiniiring [engineering]	Ingenieurwissenschaften

Zu Gast sein

Die Gastfreundschaft der Malayalis ist sprichwörtlich. Wenn Sie sich Zeit nehmen, und länger an einem Ort bleiben, statt nur Sehenswürdigkeiten „abzuhaken", können sich herzliche Freundschaften entwickeln. Ein erster Schritt dazu kann sein, dass ein neuer Bekannter Sie zu sich nach Hause einlädt.

vaikunneeram viittil varuu!
Abend Haus(-in)[7] kommen-höfl.!
Komm heute Abend zu mir nach Hause!

thii<u>r</u>cchayaayum, ñaan varum.
sicher, ich kommen-werde
Sicher werde ich kommen.

irikkuu!
setzen-höfl.!
Bitte setzen Sie sich!

ninga<u>l</u>kku enthenkilum ku<u>t</u>ikka<u>n</u>oo?
Ihnen[3] etwas trinken-möchten-?
Möchten Sie etwas trinken?

enikkŭ ippoo<u>l</u> vee<u>n</u>ta.
mir[3] jetzt möchte-nicht
Nein danke, jetzt nicht.

enikkŭ vee<u>n</u>am.
mir[3] möchte
Ja, bitte.

ninga<u>l</u>kku enthŭ ku<u>t</u>ikkaanaa<u>n</u>ŭ aagraham, kaappi, chaaya?
Ihnen[3] was um-zu-trinken-ist Wunsch, Kaffee, Tee
Was möchten Sie trinken, Kaffee, Tee?

ninga<u>l</u>kku ente ku<u>t</u>umbakkaare kaa<u>n</u>ante?
Ihnen[3] meine[2] Familienmitglieder[4] sehen
Möchten Sie meine Familie kennen lernen?

Familie

Einige Abweichungen im Sprachgebrauch gibt es je nach Region und Religionszugehörigkeit.

Seien Sie gespannt auf interessante Einführungen in die komplexen Familienstrukturen der Malayalis. Denn es ist ganz und gar nicht das Gleiche, ob eine Tante die Schwester des Vaters oder der Mutter ist. Außerdem erfahren wir, ob sie die ältere oder die jüngere Schwester ist. Es ist auch kein Widerspruch – auch wenn es aus europäischer Sicht so scheint –, wenn ein Cousin als älterer Bruder bezeichnet wird.

kutumbam	Familie
acchhan (hind.), **appan, acchaayan** (christl.), **baappa** (musl.)	Vater
amma (christl., hind.), **umma** (musl.)	Mutter
bhartthaavŭ bhaarya	Ehemann – Ehefrau
makan, moon	Sohn
makal, mool	Tochter
aangala, sahoodaran	Bruder
pengal, sahoodari	Schwester
cheettan, ikka (musl.)	älterer Bruder
cheecchi, ittha (musl.)	ältere Schwester
aniyan	jüngerer Bruder
aniyatthi	jüngere Schwester
appuuppan, mutthassan, uppaappa (musl.)	Großvater
ammuumma, mutthassi, ummuumma (musl.)	Großmutter
ammaavan, maama, maaman	Bruder der Mutter (Onkel)
ammaayi, maami	Schwester des Vaters (Tante)
peerappan, vallyacchhan	älterer Bruder des Vaters (Onkel)
cheriyacchhan, chitappan, kocchacchhan, ilayacchhan	jüngerer Bruder des Vaters (Onkel)
vallyamma, valiyamma, peeramma	ältere Schwester der Mutter (Tante)
kuññamma, cheriyamma, ilayamma, kocchamma	jüngere Schwester der Mutter (Tante)
anantharavan – anantharaval	Neffe – Nichte
kocchumakan, cherumakan	Enkelsohn
kocchumakal, cherumakal	Enkeltochter
peerakkutti	Enkelkind
cherumakkal, peerakkuttikal	Enkelkinder
ammaayiacchhan, ammaayiappan	Schwiegervater
ammaayiyamma	Schwiegermutter
marumakan – marumakal	Schwiegersohn – Schwiegertochter

Unterwegs

Auto-Rikschas sind in Kerala ein flexibles und preisgünstiges Verkehrsmittel, besonders für kürzere Entfernungen. Taxis sind etwas teurer, können aber für mehrere Personen oder längere Entfernungen durchaus eine gute Alternative sein.

per Auto-Rikscha oder Taxi

Meist kann man eine Rikscha oder ein Taxi auch für einen halben oder ganzen Tag mieten, z. B. für eine Besichtigungs- oder Einkaufstour.

ningal̲ evit̲e pookunnu?
Sie wohin gehen
Wohin möchten Sie?

ñaan Var̲kkalayil pookunnu.
ich Varkala(-in)[7] gehen
Ich möchte nach Varkala.

ethr̲a ruupa?
wieviel Rupie
Wie viele Rupien?

irunuur̲u ruupa.
zweihundert Rupie
200 Rupien.

ithŭ val̲are kuut̲uthaalan̲ŭ.
dies sehr teuer-ist
Das ist zu teuer.

alla, kuut̲uthalalla.
nein, teuer-so-ist-es-nicht
Nein, das ist nicht zu teuer.

d̲r̲aivar̲ [driver], **miitar̲** [meter] **it̲uu.**
Fahrer, Taxameter einschalten-höfl.!
Bitte schalten Sie das Taxameter ein.

🔊 **miitaṟ** [meter] **upayoogatthilalla.**
Taxameter funktioniert-nicht
Das Taxameter funktioniert nicht.

*Natürlich kann es
schon mal passieren,
dass das Taxameter
nicht funktioniert –
was die Fahrt dann
unter Umständen
etwas teurer macht.
Der Vorteil: Ein
Festpreis schützt
ziemlich sicher
vor Umwegen!*

🔊 **sathyamaaṉoo?**   **sathyam.**
Wahrheit-ist-?   *Wahrheit*
Ist das wahr?   Das ist wahr.

🔊 **chaarjŭ** [charge] **ethṟayaayi?**
Fahrpreis wieviel-wurde
Was macht das?

🔊 **eṯṯŭ ruupa aṟupathŭ paisa.**
acht Rupie, sechs-zehn Paisa
8 Rupien, 60 Paisa.

🔊 **ithaa patthŭ.**
hier zehn
Hier sind 10 Rupien.

🔊 **ente kayyil chillaṟayillalloo.**
meine Hand(-in)[7] Wechselgeld-nicht-wohl
Ich glaube, ich habe kein Wechselgeld.

*Hin und wieder
kommt es vor, dass der
Fahrer kein Wechsel-
geld hat (... oder ein
Trinkgeld erwartet).*

🔊 **ṣari, baakki ningaḷeṯutthoo.**
okay, Restgeld/Kleingeld Sie-behalten-dürfen
Okay, behalten Sie das Restgeld.

Richtungsangaben

Wenn man den Weg zu seinem Ziel selber
nicht genau kennt – der Fahrer wird wissen
(oder herausfinden), wie man hinkommt.

Wenn man weiß, wo man hin will, helfen dem Fahrer ein paar Richtungsangaben.

itathu vasam
linke Seite
links

valathu vasam
rechte Seite
rechts

neeree poo! (U)
geradeaus fahr!
Fahren Sie geradeaus!

ivite nirtthŭ! (U)
hier anhalt!
Halten Sie hier an!

Wenn Sie kurz etwas erledigen wollen, können Sie den Fahrer bitten, zu warten. Dafür fällt eine Wartegebühr an.

oru nimisham veyitŭ [wait] **cheyyuu, ñaan ippoozhingu vanneekkaam.**
einen Moment warten tun, ich gleiche komme
Warten Sie einen Moment, ich komme gleich wieder.

mit Bus & Bahn

Größere Entfernungen legen Sie in Kerala am besten mit Bus, Bahn oder Boot zurück.

basŭ staandŭ [bus stand] **eviteyaanŭ?**
Bus Bahnhof wo-ist
Wo ist der Busbahnhof?

basŭ stooppŭ [bus stop]	Bushaltestelle
steeshan [station]	Bahnhof
boottŭ jetti [boat jetty]	Bootsanlegestelle

ivite ninnŭ athŭ ethra duuramuntŭ?
hier von das wieviel Entfernung
Wie weit ist das von hier aus?

am Busbahnhof

Besonders an Busbahnhöfen hilft die Malayalam-Schrift. Mit der folgenden Liste wichtiger Ortsnamen können Sie erkennen, ob ein zur Abfahrt bereitstehender Bus der richtige ist – und zwar, bevor Sie nur noch seine Rücklichter sehen. Vielleicht ergattern Sie sogar noch einen Sitzplatz.

Hier sind sowohl die Malayalam-Namen in aktueller Schreibweise angegeben, als auch die veralteten englischen Namen, die zum Teil immer noch gebräuchlich sind, zum Beispiel bei der indischen Eisenbahn, wenn man im Internet nach Verbindungen sucht.

തിരുവനന്തപുരം	**Thiruvananthapuram**	Thiruvananthapuram (Trivandrum)
കൊച്ചി	**Kocchi**	Kochi (Cochin)
എറണാകുളം	**Eranaakulam**	Ernakulam
ത്രിശ്ശൂർ /	**Thrissuur/**	Thrissur (Trichur)
ത്രിശ്ശിവപേരൂർ	**Thrissivapeeruur**	
കോവളം	**Koovalam**	Kovalam
വർക്കല	**Varkkala**	Varkala
കൊല്ലം	**Kollam**	Kollam (Quilon)
ആലപ്പുഴ	**Aalappuzha**	Alappuzha (Alleppey)
കോട്ടയം	**Koottayam**	Kottayam
കോഴിക്കോട്	**Koozhikkootŭ**	Kozhikode (Calicut)
കണ്ണൂർ	**Kannuur**	Kannur (Cannanore)
പാലക്കാട്	**Paalakkaatŭ**	Palakkad (Palghat)
മൂന്നാർ	**Muunnaar**	Munnar
തേക്കടി	**Thekkati**	Thekkadi

eethŭ basaanŭ [bus] **Aalappuzhakkŭ** (U)
pookunnathŭ?
welcher Bus-ist Alappuzha(-nach)[8] geht
Welcher Bus fährt nach Alappuzha?

ii basŭ [bus] **Kanyaakumaarikkŭ** (U) **pookumoo?**
dieser Bus Kanyakumari(-nach)[8] wird-fahren-?
Fährt dieser Bus nach Kanyakumari?

eppoozhaanŭ Koottayattheekkŭ (U) **aṭuttha**
supparphaastŭ [super-fast] **basŭ** [bus]**?**
wann-ist Kottayam(-nach)[8] nächster
super-schnell Bus
Wann geht der nächste Super-Schnellbus
nach Kottayam?

aramaṇikkuuṟinakam supparphaastŭ
[super-fast] **basŭ** [bus] **kiṭṭum.**
halbe-Stunde-innerh. super-schnell Bus bekommen
Innerhalb einer halben Stunde bekommen
Sie einen Super-Schnellbus.

im Bus

enikkŭ kollatthiṟanganam. (U)
mir[3] Kollam(-in)[7]-möchte-aussteigen
Ich möchte in Kollam aussteigen.

ñaan eppoozhaanŭ iṟangeentathennŭ
paṟayaamoo?
ich wann-ist aussteigen-soll-dass sagen-können-?
Können Sie mir (Bescheid) sagen, wenn ich
aussteigen muss?

mit der Eisenbahn

tikkatŭ [ticket] **evite ninnaanŭ vangunnathŭ?**
Fahrkarte wo her-ist kaufen
Wo kann ich eine Fahrkarte kaufen?

enikkŭ Thrissuurileekkaanŭ pookeentathŭ.
mir[3] Thrissur(-nach)[8]-ist gehen-will-das
Ich will nach Thrissur fahren.

enikkŭ Madhurakkŭ (U) **oru ritteen tikkatŭ**
[return ticket] **veenam.**
mir[3] Madurai(-nach)[8] eine Rückkehr Fahrkarte wollen
Ich hätte gerne eine Hin- und Rückfahrkarte nach Madurai.

Baangaluurileekkŭ sliipperklaassil [sleeper class] **rantŭ tikkatŭ** [ticktet]**.**
Bangalore(-nach)[8] Liegewagen(-in)[7] zwei Fahrkarten
Zwei Fahrkarten nach Bangalore, Liegewagen.

treyin [train] **Baangaluur Kantonmentil**
[Cantonment] **nirtthumoo?**
Zug Bangalore Cantonment(-in)[7] halten-wird-?
Hält der Zug in Bangalore Cantonment?

uvvŭ, ithŭ avite nirtthum.
ja, es dort halten-wird
Ja, er hält dort.

im Zug

ithŭ eethŭ steeshanaan̲ŭ [station]**?**
dieser welcher Bahnhof-ist
Welcher Bahnhof ist das?

at̲uttha steeshan [station] **Paalakkaat̲aan̲oo?**
nächster Bahnhof Palakkad-ist-?
Ist der nächste Bahnhof Palakkad?

nammal̲ samayatthinetthumoo?
wir(-inkl.) Zeit[3]*-ankommen-werden-?*
Werden wir pünktlich ankommen?

Ja, in der Tat sind viele Züge in Indien pünktlich und kommen manchmal sogar früher an, als fahrplanmäßig angegeben. Aber auch Verspätungen sind durchaus normal.

uvvŭ, nammal̲ irupathŭ minit̲t̲ŭ [minute] **neerattheyetthiyeekkum.**
ja, wir(-inkl.) zwanzig Minute früher-ankommen-werden
Ja, wir könnten sogar zwanzig Minuten früher ankommen.

t̲reyin [train] **ara man̲ikkuur̲ thaamasicchaan̲ŭ.**
Zug halbe Stunde verspätet-ist
Der Zug hat eine halbe Stunde Verspätung.

Teeverkäufer im Zug

Strände, Berge, Backwaters

Die Backwaters sind wohl die berühmteste landschaftliche Besonderheit Keralas. Gelegenheiten, Kerala auf dem Wasser zu erleben, gibt es genug: bei einem Ausflug mit einem kleinen Kanu (**kocchu vallam**), während eines Aufenthalts auf einem der zahlreichen Hausboote (**kettu vallam**) oder indem Sie einen Teil Ihrer Reiseroute auf dem Wasser zurücklegen.

Per Fähre kommen Sie über kürzere Entfernungen z. B. von Kottayam nach Alappuzha, mit einem Ausflugsboot von Alappuzha nach Kollam oder umgekehrt.

Die Backwaters – „Venedig des Ostens“

ñangalkkŭ cheriya thoottiluute yaathra
cheyyaan oru vallam kittumoo?
für-uns(-exkl.)[3] kleine Kanäle(-in)[7]-entlang Reise um-zu-tun ein Boot bekommen-werden-?
Können wir ein Boot bekommen, um kleine Kanäle entlangzufahren?

ivite dhaaraalam miin kittumoo?
hier eine-Menge Fisch bekommen-werden-?
Gibt es hier viele Fische?

kaayal	Backwaters
nadi – thootŭ	Fluss – Kanal
cheriyathootŭ	kleiner Kanal
thataakam	See
dviipŭ	Insel
chiinavala	chinesisches Fischernetz
vayal	Feld, hier: Reisfeld

Ein kaayal *ist ein mit dem Meer verbundenes Gewässer, bestehend aus Kanälen, Flüssen und Seen, teils Süß-/Salzwasser.*

Boote der Backwaters

kocchu vaḷḷam	Kanu
kaṯatthu vaḷḷam	Fähre
miinpiṯutthavañchi	Fischerboot
keṯṯu vaḷḷam, hausbooṯṯŭ	Hausboot
[house boat]	
chuṇṯan vaḷḷam	Schlangenboot
vaḷḷamkaḷi	Bootsrennen

Vögel der Backwaters

Keralas Backwaters sind ein Vogelparadies. Leider nimmt die Artenvielfalt aufgrund der zunehmenden Wasserverschmutzung und Landgewinnung stark ab.

Der Braunliest gilt als der „Christ" unter den Eisvögeln Keralas, weil er sich sehr vielseitig ernährt – wie die Christen in Kerala, für die Rind- oder Schweinefleischverbote nicht gelten. Der hübschere (braunweiße) Milan ist der „höherkastige", der Schwarzmilan der „Unberührbare".

eethellam tharam pakshikaḷe bakkvaaṯṯeril ⟩
[backwaters] **kaaṇaam?** ⟩

welche Art Vögel[4] Backwaters(-in)[7] kann-man-sehen
Was für Vögel kann man in den Backwaters sehen?

muṇṯi	Reiher
koccha	Rohrdommel
niirkkaakka	Scharbe (eine Art Kormoran)
ponma,	Braunliest
miinkotthicchaatthan	
cheṛiya miinkotthi	Eisvogel
kaakka miinkotthi	Storchschnabel-Eisvogel
krŭshṇapparunthŭ	Brahminenmilan/-weihe
chakkipparunthŭ	Schwarzmilan
aaḷa	Seeschwalbe

am Strand

Einige Strände in Kerala gelten heute als so „touristisch", dass sich mancher Tourist fragt, ob „man" da noch hinfahren sollte. Doch es waren gerade die steigenden Touristenzahlen, die dazu geführt haben, dass mehr und mehr Hotels, Pensionen, Restaurants und Geschäfte entstanden.

Heute gibt es an den Stränden von Kovalam und Varkala eine Vielfalt an touristischen Angeboten, wie man sie in Kerala sonst kaum findet.

ñaan katappuratthinatutthŭ oru hoottal [hotel] **anveeshikkunnu.**
ich Strandnähe ein Hotel suche
Ich suche ein Hotel in Strandnähe.

katappurattheekku ethra duuramuntŭ?
Strand(-nach)[8] wieviel Entfernung-es-gibt
Wie weit ist es zum Strand?

ivite niinthunnathu apakatamaanoo?
hier Schwimmen gefährlich ist-?
Ist es sicher, hier zu schwimmen?

enikkŭ miinpituthavañchiyil oru vinoodayaathra natatthaamoo?
mir[3] Fischerboot(-in)[7] ein Ausflug durchführen-kann-?
Kann ich einen Ausflug mit einem Fischerboot machen?

katal	Meer
katal thiiram	Strand
thiiram	Küste
thuramukham	Hafen
kappal	Schiff

enikkŭ onnum veenta.
mir[3] nichts brauche
Ich brauche nichts.

Viele Händler am Strand leben davon, dass sie an Touristen verkaufen. Wenn Sie bereits eine Sonnenbrille, zwei Strandmatten, drei Dhoti und diverse Postkarten erstanden haben und auch keinen Appetit mehr auf Ananas, Papaya oder Kokosnuss haben, versuchen Sie es mit „Ich brauche nichts!“.

in den Bergen

Kerala ist sprichwörtlich das „Land, in dem der Pfeffer wächst“. In den Bergregionen der Western Ghats werden Tee, Kaffee und viele weitere Gewürze angebaut.

eethaan̲ŭ ivit̲utthe pr̲adhaana kr̲ŭshi?
welcher-ist hiesiger wichtiger Anbau
Was wird hier vor allem angebaut?

oru chaayatthoot̲t̲am kaan̲aan patumoo?
eine Teeplantage um-zu-sehen wird-möglich-sein-?
Können wir eine Teeplantage sehen?

athŭ enthŭ chet̲i aan̲ŭ?
jene was-für-eine Pflanze ist
Was ist das für eine Pflanze?

athŭ kurumul̲akŭ chet̲i aan̲ŭ.
jene Pfeffer Pflanze ist
Das ist eine Pfeffer-Pflanze.

uluva	Bockshornklee
mul̲akŭ	Chili, Paprika
inchhi	Ingwer
eelakka	Kardamom
malli	Koriander
jiirakam	Kreuzkümmel (Kumin)
maññal̲	Kurkuma
graambu	Nelken
kurumul̲akŭ	Pfeffer
karuvaappat̲t̲a	Zimt

In den Bergen finden Sie eine faszinierende Tierwelt. Allerdings müssen Sie für Tierbeobachtungen oft früh aufstehen.

eppool̲ aanaye kaan̲aan patum?
wann Elefant[4] um-zu-sehen wird-möglich-sein
Wann können wir Elefanten sehen?

kat̲uva (Tiger) **kurangŭ** (Affe) **paampŭ** (Schlange)

Übernachten

Zum Übernachten finden Sie in Kerala Angebote für jeden Geldbeutel und die verschiedensten Ansprüche – von preisgünstigen Pensionen und Unterkünften bei Familien [home stay] bis hin zu 5-Sterne-Hotels.

ñaan oru nalla hoottal thirakkunnu.
ich ein gutes Hotel suche
Ich suche ein gutes Hotel.

Achtung beim Begriff hoottal*! In Kerala ist damit oft auch ein preisgünstiges Restaurant gemeint, das keineswegs Übernachtungsmöglichkeiten anbietet.*

atutthulla	nahe gelegen
vrŭtthiyulla – santhamaaya	sauber – ruhig
vilakkuravulla	preisgünstig
bhangiyulla/vetippulla	schön/nett

oru nalla hoottal [hotel] **nirddeesikkaamoo?**
ein gutes Hotel empfehlen-können-?
Können Sie ein gutes Hotel empfehlen?

vilaasam ezhuthittharaamoo?
Adresse aufgeschrieben-geben-können-?
Können Sie die Adresse aufschreiben?

Zimmer reservieren

enikkŭ oru muri riservŭ [reserve] **cheyyanam.**
mir[3] ein Zimmer Reservierung tun-muss
Ich möchte ein Zimmer reservieren.

muunnŭ raathrikkŭ.
drei Nächte-für[3]
Für drei Nächte.

Übernachten

einchecken

rantu kitakkayulla muri / **dabbelruum** [doubleroom] **ozhivuntoo?**
zwei Matratze-besitzend Zimmer / Doppelzimmer frei-es-gibt-?
Haben Sie ein Zwei-Bett-Zimmer / Doppelzimmer frei?

A/C steht für „air-conditioned".

shavar [shower]	Dusche
chuuduvellam	Warmwasser
e. si. [A/C]	Klimaanlage
televishen [television]	Fernseher
janaala, janavathil	Fenster
kadalkkaazhcha	Meerblick
baalkani [balcony]	Balkon

ningalkkŭ veeroru muri tharanuntoo?
Ihnen[3] anderes-ein Zimmer geben-?
Haben Sie noch ein anderes Zimmer?

sari, ñaanathetukkaam.
okay, ich-es-nehmen-kann
Es ist okay, ich nehme es.

Beschwerden

muriyil valiya chuudŭ/sabdham.
Zimmer(-in)[7] große Hitze/Lärm
Das Zimmer ist zu heiß/laut.

bedshiitinŭ [bedsheet] **vrŭtthiyilla.**
Bettlaken[3] Sauberkeit-es-gibt-nicht
Das Bettlaken ist nicht sauber.

ningalkkithŭ maarittharaamoo?
Ihnen[3]-dies gewechselt-geben-können-?
Können Sie es wechseln?

phaan [fan] **varkking** [working] **alla.**
Ventilator funktionierend ist-nicht
Der Ventilator funktioniert nicht.

bakketŭ [bucket]	Eimer
thalayina	Kissen
thalayinayura	Kissenbezug
puthappŭ, virippŭ	Decke, Bettlaken *(zum Zudecken)*
kothukuvala	Moskito-Netz
thoortthŭ	Handtuch
sooppŭ [soap]	Seife
tooyilet peeppar [toilet paper]	Toilettenpapier
kutivellam	Trinkwasser
thaakkool	Schlüssel
kottaaram	Schloss
vilakkŭ	Lampe
mezhukuthiri	Kerze
thiippetikkolli	Streichhölzer

Ja, selbst in Kerala kann es vorkommen, dass Sie eine Decke brauchen. In den Bergen kann es nachts empfindlich kühl werden.

Kerze und Streichhölzer kommen sehr gelegen, wenn mal wieder der Strom ausfällt. Solche power cuts kommen in Kerala in den meisten Gegenden immer wieder vor. Manche größere Hotels und Restaurants schalten dann auf einen eigenen Generator um.

Fair ist, die „Strompause" als solche zu nutzen, statt genau dann unnötig Strom zu verbrauchen.

ethra manikkaanŭ pauar katt [power cut] **untŭ?**
wie viel Zeit Strom Ausfall es-gibt
Wie lange dauert der Stromausfall?

arkariyaam! **chilappool ara manikkuur.**
wer-wissen-kann *manchmal halbe Stunde*
Wer kann das wissen! Manchmal eine halbe Stunde.

Essen & Trinken

Das südindische Essen unterscheidet sich stark vom nordindischen, das Sie vielleicht aus indischen Restaurants in Deutschland kennen. Lassen Sie sich überraschen! Doch zuerst die entscheidende Frage:

ningal vejiteeriyan [vegetarian] **aanoo athoo noonvejiteeriyan** [non-vegetarian] **aanoo?**
Sie Vegetarier sind-? oder nicht-Vegetarier sind-?
Sind Sie Vegetarier oder kein Vegetarier?

Es gibt auch muslimische Restaurants in Kerala, die natürlich kein Schweinefleisch im Angebot haben.

Ein Restaurant (**hoottal**) in Kerala ist entweder rein vegetarisch [vegetarian, veg.] oder nichtvegetarisch [non-vegetarian, non-veg.]. Nichtvegetarische Restaurants bieten durchaus das eine oder andere fleischlose Gericht an, doch ihre Küche erfüllt nicht den Standard eines vegetarischen Restaurants, den reine Vegetarier (in der Regel Brahmanen) aus religiösen Gründen brauchen.

cheeraye thinnunna naattil chennaal natutthuntam thinnuka.
Schlangen essendes Land(-in)[7] ankommt Mittelstück(-davon) essen!
Wenn man in das Land geht, wo Schlangen gegessen werden, soll man das beste Stück davon essen. (Will sagen: Man soll sich anpassen und zudem das Beste aus der neuen Situation machen!)

glasŭ [glas]	Glas
kappŭ [cup]	Tasse
pleetŭ [plate]	Teller
vaazhayila	Bananenblatt
phoorkkŭ [fork], **kaarppŭ**	Gabel
katthi	Messer
naapkin [napkin]	Serviette

In Kerala wird mit den Fingern gegessen. Aber nur mit der rechten Hand! Sollten Sie damit noch nicht so ganz klar kommen, fragen Sie nach einem Löffel. Nicht jedes kleinere hoottal *hat Messer und Gabeln.*

oru spuun [spoon] **kontuvaruu!**
ein Löffel mit-kommen-höfl.!
Bringen Sie mir einen Löffel!

Mittagessen

chooruŭ kazhikkaan ishtamaanoo?
Reis um-einzunehmen Liebe-ist-?
Essen Sie gerne Reis?

chooruŭ	Reis (gekocht)
kaññi	Reisbrei, Reiswasser
avil	Reisflocken
ari	Reis (Korn)
nellŭ	Reis (Korn mit Schale)
nelcheti	Reispflanze

Reis ist das wichtigste Grundnahrungsmittel in Kerala. Entsprechend viele Begriffe gibt es dafür.

Das typische Mittagessen in Kerala wird meist auf einem großen Edelstahl-Teller serviert. Es besteht aus Reis und vielen kleinen vegetarischen Beilagen – quasi für jeden Geschmack etwas! In vielen Restaurants gibt es mittags nichts anderes. **uunŭ thayyaar** („Meals ready") steht draußen auf einem Schild. Das heißt: „Das Essen ist fertig!", also keine Wartezeit!

Unter Curry versteht man in Indien ein Gemüse-, Fleisch- oder Fischgericht, nicht die Gewürzmischung, die in Deutschland als Curry-Pulver verkauft wird! Gewürzmischungen heißen masaala.

lanchinŭ [lunch] **enthaanŭ ivite kittunnathŭ?**
Mittagessen[3] was-ist hier bekomme
Was bekomme ich hier zum Mittagessen?

ithinŭ erivŭ kuututhalaanoo?
dies[3] Schärfe zu-viel-ist-?
Ist es zu scharf?

ñangal yuuroopyanmaar [Europeans] **erivŭ kuracchŭ upayoogikkunnavaraanŭ.**
wir(-exkl.) Europäer(-Mz) Schärfe wenig verwendende-sind
Wir Europäer verwenden wenig scharfe Gewürze.

erivulla	scharf/heiß
puliyulla	sauer
kaypulla	bitter
madhuramulla	süß
svaadulla	lecker

lanchŭ [lunch] **valare nallathaayirunnu.**
Mittagessen sehr gut-gewesen
Das Mittagessen war sehr gut.

typische vegetarische Gerichte (zu Reis)

aviyal	Gemüsegericht mit gemahlener Kokosnuss und Knoblauch
saambhaar	Gemüse mit Linsen und Zwiebeln, mit viel Sauce – sehr populär!
thooran	Gemüse mit Kokosraspeln u. in Öl angebratenen Senfkörnern
rasam	Brühe aus Tamarinde, Tomaten, Linsen, Pfeffer und anderen Gewürzen – verdauungsfördernd!
kaalan	Joghurt mit Kochbanane, angebratenen Senfkörnern und anderen Gewürzen
moorŭ	Joghurtsoße mit Kurkuma und angebratenen Senfkörnern

Frühstück & Abendessen

ningaḷ breykkphaast [breakfast] **kazhicchoo?**
Sie Frühstück eingenommen-?
Haben Sie gefrühstückt?

Morgens und abends gibt es eine große Auswahl an vegetarischem Essen und Snacks.

masaala dooṣa veeṇam.
Masala Dosa möchte
Ich hätte gerne Masala Dosa.

enthaa athintekuuṭe kazhikkaan?
was dazu um-einzunehmen
Was gibt es dazu?

athintekuuṭe saambhaaṟum chaṭniyum kiṭṭum.
dazu Saambhaar-und Chutney-und bekommen-werden
Dazu gibt es Sambhar und Chutney.

Chutney ist eine Art Paste aus Kokosraspeln, Chili und anderen Gewürzen.

ithinŭ nalla svaaduṇṭŭ. **mathi!**
dies gut Geschmack-es-gibt *genug*
Das schmeckt sehr lecker. Genug!

iddhali	Idli („Ufos" aus Reis- und Linsenmehl)
vaṭa	Vada (Snack aus Linsen)
dooṣa	Dosa (Pfannkuchen aus Reis- und Linsenmehl)
masaala dooṣa	Dosa mit Füllung, meist aus Kartoffeln, Zwiebeln etc.
puuri	Puri (frittiertes, aufgeblasenes Fladenbrot aus Weizenmehl)
poṟooṭṭa	Paratha (Fladenbrot, mit Öl oder Butterfett gebacken)
chappaatthi	trockenes Fladenbrot aus Weizenmehl
ṟoṭṭi	Fladenbrot
puṭṭŭ	Puttu (Dampfkuchen aus Reis und Kokosnuss)
appam	Appam (Pfannkuchen aus Reismehl)
paalkaññi	Reisbrei

Nahrungsmittel

Fleisch, Fisch & Ei

Berühmt ist in Kerala der Fisch-Curry (miin kaari)!

miin	Fisch
iracchi	Fleisch
aattiracchi	Lammfleisch
maattiracchi	Rindfleisch
panniyiracchi	Schweinefleisch
koozhiyiracchi	Hühnerfleisch
mutta	Ei

Pappad ist ein dünnes knuspriges Fladenbrot aus Linsen.

pañchasaara	Zucker
theen	Honig
uppŭ	Salz
venna	Butter
neyyŭ	geklärte Butter
thairŭ	Joghurt
pappatam	Pappad

Gemüse (pacchakkari)

katthiriykka ist der Aubergine ähnlich, aber kleiner.

mulakŭ	Chili
katthiriykka	Eierfrucht
vellarikka	Gurke
cheempŭ	Jams
urulakkizhangŭ	Kartoffel
katala	Kichererbsen
vellulli	Knoblauch
pacchakkaaya	Kochbanane
paavaykka	Koloquinte (sehr bitter!)
matthanga	Kürbis
parippŭ	Linsen
ventakka	Okra
chiira	Spinat
puli	Tamarinde
kappa	Tapioka
thakkaali	Tomate
muttakkoossŭ	Weißkohl
ulli	Zwiebel

Obst (pazhavarggam)

pazham	Banane
maanga	Mango
kaithacchakka	Ananas
oomakka	Papaya
peerakka	Guave
thannimatthan	Wassermelone
chakka	Jackfrucht
aappil [apple]	Apfel
naaranga	Orange
cherunaaranga	Limette

Kerala – Land der Kokospalme

Einer landläufigen Meinung nach ist der Name **Keeralam** abgeleitet aus **keeravrŭksham,** der Kokospalme. Nicht ohne Grund, denn in weiten Teilen des Landes ist sie ein Hauptanbauprodukt. Es gibt fast nichts an einer Kokospalme, das in Kerala nicht irgendwie genutzt wird.

Eine andere, ebenso plausible Theorie besagt, dass sich der Name Keeralam *von der Cheera-Dynastie ableitet.*

thengŭ, keeravrŭksham	Kokospalme
theenga	Kokosnuss
chakiri	Kokosfaser (als Rohstoff)
kayar	Seil, Schnur aus Kokosfaser
chiratta	(innere) Kokosnuss-Schale
ilamtheenga, karikkŭ	junge Kokosnuss
naalikeeram	reife Kokosnuss
kopra	getrocknetes Fruchtfleisch
naalikeerappiira	Kokosraspel
velicchenna	Kokosöl
theengaavellam	Kokoswasser (von reifer Kokosnuss)
karikkuvellam	Kokoswasser (von junger Kokosnuss)
kallŭ	Palmwein, Toddy
chetthukaaran	Palmweinzapfer
thengoola	Kokosblatt

Trinken

Nutzen Sie für Ihr Trinkwasser die Nachfüllmöglichkeiten z. B. in Restaurants, oder kaufen Sie größere Wasserflaschen statt kleinere. Die verursachen weniger Plastikmüll, und preisgünstiger sind sie auch.

daahikkunnu̱ntoo?
Durst-haben-?
Sind Sie durstig?

enikkū ku̱tive̱l̲l̲am evite̱ninnū ki̱ttum?
mir³ Trinkwasser woher bekommen-werde
Woher bekomme ich Trinkwasser?

ku̱tive̱l̲l̲am evi̱te ni̱rakkaan patum?
Trinkwasser wo um-nachzufüllen können-werde
Wo kann ich Trinkwasser nachfüllen?

ningalu̱te pakkal ra̱ntū / añchū lite̱rinte
ve̱l̲l̲am ni̱rakkunnna kuppiyu̱ntoo?
Ihr² bei zwei/fünf Liter² Wasser füllende Flasche-es-gibt-?
Haben Sie 2-Liter-/5-Liter-Wasserflaschen?

ve̱l̲l̲am, ku̱tive̱l̲l̲am	Wasser, Trinkwasser
sooda [soda]	Soda
chaaya	Tee
kaappi	Kaffee
paalū	Milch
moorū	Buttermilch
juusū [juice]	Saft
naarangaave̱l̲l̲am	Limettensaft,
karikkuve̱l̲l̲am	Kokoswasser
biya̱r [beer]	Bier
viiññū, vain [wine]	Wein
ka̱l̲lū	Palmwein, Toddy

Limettensaft – darunter wird Wasser mit Limette verstanden. Es gibt ihn gesüßt (**pan-**

chasaara ittathŭ) oder mit Salz **(uppŭ ittathŭ).** Unter **chaaya** versteht man starken Schwarztee, der mit Milch aufgekocht wurde und meist sehr süß getrunken wird.

pañchasaara / paalŭ illyaathe.
Zucker / Milch ohne
Ohne Zucker / Milch.

Die Plastikbecher, in denen inzwischen in vielen teashops **chaaya** (Tee) und **kaappi** (Kaffee) angeboten werden, sind eine Unsitte, der sich leicht begegnen lässt, indem Sie den Tee in einem absolut üblichen Glas verlangen.

Dem Mythos, Plastikbecher seien hygienischer, können Sie getrost misstrauen, denn die haben durchaus eine hohe Wiederverwendungsquote.

plaastikkŭ veenta!	**enikkŭ oru glaasŭ tharuu!**
Plastik will-nicht	*mir[3] ein Glas geben-höfl.!*
Bitte kein Plastik!	Geben Sie mir ein Glas!

In Kerala ist der Konsum von Alkohol – wie auch das Rauchen – in der Öffentlichkeit verboten. Bars, Toddy Shops und Restaurants brauchen für den Alkohol-Ausschank eine besondere Lizenz. Hochprozentiger Alkohol, **chaaraayam** (arrack), ist in Kerala seit einigen Jahren verboten. Was nicht heißt, dass er nicht dennoch erhältlich ist. Allerdings ist der Konsum nicht ungefährlich, da er illegal produziert wird und häufig gepanscht ist.

Den Palmwein bekommt man nur in speziellen Toddy Shops *(*kallushaappŭ*). Dort werden nicht nur große Mengen Alkohol konsumiert, sondern auch sämtliche politischen Probleme der Welt gelöst. Frauen sind dort allerdings nicht erwünscht.*

billŭ [bill] **tharuu!**
Rechnung geben-höfl.!
Die Rechnung, bitte!

Presse, Radio & Fernsehen

Selbst in den „hintersten Ecken“ Keralas ist die Bevölkerung gut darüber informiert, was in der Welt passiert. Zeitunglesen ist in Kerala ein absolutes Muss. Es gibt eine ganze Reihe Tageszeitungen in Malayalam, die sich meist an spezifische Zielgruppen richten, entsprechend der Religionszugehörigkeit oder dem Parteibuch.

Tageszeitungen

Malayaaḻa Manoorama	*Etwas in Malayalam, was dem Geist Freude macht* (Leserschaft vor allem christlich-orthodox. Mit über einer Million Auflage eine der auflagenstärksten Zeitungen in ganz Indien!)
Diipika	*Lampe* (Leserschaft vor allem christlich-katholisch)
Mathṟubhuumi	*Mutterland* (tendenziell eher Hindu-orientiert, aber auch breitere Leserschaft)
Keeraḻakaumudi	*Kerala-Mondschein* (Hindu-progressiv)
Deeṣaabhimaani	*Patriot* (Organ der kommunistischen Partei CPI-M)

Einige der Malayalam-Zeitungen veröffentlichen in ihrer Internet-Ausgabe auch Artikel auf Englisch. Die wichtigsten englisch-sprachigen Tageszeitungen mit Regionalteil sind The Hindu *und* The New Indian Express.

ingḻiish [English] **pathṟam eviṯeninnŭ vaangaam?**
englisch Zeitung woher kaufen-kann
Wo kann ich eine englische Zeitung kaufen?

ningaḻuṯe pathṟam enikkonnu vaayikkaan tharaamoo?
Ihre² Zeitung mir³-einmal um-zu-lesen geben-können-?
Darf ich Ihre Zeitung ausleihen? (Oder gar nicht fragen, einfach nehmen. Ist völlig okay.)

vaarttha enthaan̲ŭ?
Nachricht was-ist
Was gibt es Neues?

Die Zeitschriften-Landschaft in Kerala ist sehr vielseitig. Gerne gelesen wird natürlich Klatsch & Tratsch über Prominente aus Film und Fernsehen. Auch Fortsetzungsromane sind sehr beliebt, aber es werden auch Gesellschaftsthemen diskutiert und literarisch anspruchsvolle Werke abgedruckt. Wichtige politische Zeitschriften sind **Manoorama, Mathrubhuumi** und **Malayaalam.** Die auf englisch erscheinende Zeitschrift India Today hat ein Pendant in Malayalam (zum Teil mit übersetzten Artikeln, zum Teil mit eigener Redaktion).

Zeitschriften

Wichtige englischsprachige Wochenzeitschriften sind India Today, Outlook, Frontline *und (aus Kerala)* The Week.

Das Radio hat in Kerala einen Bildungsauftrag nach Regierungsvorgaben. Es ist besonders relevant für Familien, die keinen Fernseher haben. Auch wichtige Cricket-Spiele werden natürlich im Radio übertragen!

Radio & Fernsehen

Der internationale indische Radio-Sender ist All India Radio (AIR).

Das Regionalfernsehen wird durch den staatlichen Sender **Duur Darshan** (DD) bestimmt sowie durch diverse Privatsender, z. B. **Kairali, Eeshyanet** [Asianet], **Suurya** und **Jiivan.** Die Privatsender sind zum Teil auch in Deutschland über Satellit zu empfangen. Besonders beliebt sind Serien, Spielfilme und Sport.

ente muriyil tiivi [TV] **untoo?**
mein Zimmer(-in)[7] TV es-gibt-?
Gibt es in meinem Zimmer einen Fernseher?

enikkŭ di dabliyuu [DW] **kittumoo?**
mir[3] D W bekommen-werde-?
Kann ich Deutsche Welle empfangen?

Sport & Spiel

Eine besondere Rolle spielt in Indien der Nationalsport Cricket. Ob auf einem Dorfplatz in Kerala oder im Fernsehen - wenn Sie eine Gelegenheit bekommen, sich eine Runde Cricket anzuschauen, sollten Sie sich dies nicht entgehen lassen.

Aus keralesischer Sicht ist Pakistan weit, so dass die in Nordindien stark empfundene Rivalität mit dem Nachbarland hier keine so große Rolle spielt.

aaraa jayikka, inthyayoo paakkisthaanoo?
wer gewinnen-wird, Indien-oder Pakistan-oder
Wer wird gewinnen, Indien oder Pakistan?

ipraavasyam chilappool paakkisthaan.
dieses-Mal wahrscheinlich Pakistan
Diesmal wahrscheinlich Pakistan.

enikkŭ phuttboolkaliyil thaalparyamuntŭ.
mir[3] Fußballspiel(-in)[7] Interesse-es-gibt
Ich interessiere mich für Fußball.

chiittu kalikkaan varunnoo?
Karten um-zu-spielen kommen-?
Kommen Sie Karten spielen?

krikkatŭ [cricket]	Cricket
voolibool [volley ball]	Volleyball
beetukali	Badminton
chathurangam	Schach
chiittukali	Kartenspiel

Politik

Die keralesische Gesellschaft ist stark politisiert. Die wichtigsten Parteien in Kerala sind die kommunistische **si-pi-em** [CPM – Communist Party Marxist] und die Congress-Partei. Unter ihrer jeweiligen Führung gibt es zwei Vielparteienkoalitionen. In der Regel wechseln sie sich alle vier Jahre an der Regierung ab.

aaraaṇŭ Keeraḷa mukhyamanthṟi?
wer-ist Kerala Haupt-Minister
Wer ist Ministerpräsident von Kerala?

thiraññeṭuppil aarŭ jayikkum?
Wahl(-in)[7] wer gewinnen-wird
Wer wird die Wahl gewinnen?

ii sṭraikŭ enthinaaṇŭ?
dieser Streik was-für-ist
Weswegen wird heute gestreikt?

bandhŭ ethṟa naaḷ niiṇṭunilkkum?
Generalstreik wieviel Tag dauern-wird
Wie lange dauert der Generalstreik?

Kerala hat eine ausgeprägte Streikkultur. Es vergeht kaum ein Tag, an dem nicht irgendein Streik stattfindet. Generalstreik bedeutet: Busse fahren nicht mehr, Geschäfte sind zu, nichts geht mehr.

raashṭriiyam	Politik	**pṟathipaksham**	Opposition
niyamasabha	Parlament	**sthhanaaṟtthhi**	Kandidat
manthṟi	Minister	**pṟakaṭanam**	Demonstration (allg.)
pṟadhanamanthṟi	Premierminister	**jaathha**	Straßendemo
janaadhipathyam	Demokratie	**azhimathi**	Korruption

Kaufen & Handeln

Indien gilt bei Touristen als Einkaufsparadies, und auch Kerala hat einige Besonderheiten zu bieten, wenngleich Kunsthandwerk hier oft weniger farbenprächtig ausfällt als in nördlicheren Bundesstaaten. Oft treten aber auch beim Kauf von Waren des täglichen Bedarfs typische Gesprächssituationen auf.

Südindische Händler sind weniger aufdringlich als nordindische, und Sie können sich ausgiebig umschauen.

... eviṯeninnŭ vaangaam?
... woher kaufen-kann
Wo kann ich ... kaufen?

eviṯeyaaṉŭ eetavum aaṯutthulḷa kaṯa?
wo-ist am-meisten Nähe-besitzender Laden
Wo ist der nächste Laden?

pusthakakkaṯa	Buchhandlung
pazhakkaṯa	Obstladen
miṯhaayikkaṯa	Süßwarenladen
palacharakkukaṯa	Lebensmittelgeschäft
marunnukaṯa	Apotheke
karakauṣala ṣaala	Souvenirgeschäft (Kunsthandwerk)
kasatkaṯa	Kassetten-/CD-Geschäft
thuṉikkaṯa	Textilgeschäft

ningaḷkkŭ enthŭ veeṉam?
Ihnen[3] was möchten
Was wünschen Sie?

veṟuthe onnu kaaṉaan maathṟam.
einfach einmal um-zu-sehen
Ich schaue einfach nur.

oru churidaar veenam.
ein Churidar möchte
Ich hätte gerne einen Churidar.

ethrayaanŭ ithinte vila?
wieviel-ist dessen[2] Preis
Wie viel kostet dies?

kshamikkanam, enikkŭ ithŭ veenta.
tut-mir-Leid, mir[3] dies möchte-nicht
Tut mir Leid, dies möchte ich nicht.

ningalkkŭ enthenkilum kuuti veenamoo?
Ihnen[3] etwas-anderes noch möchten-?
Brauchen Sie sonst noch etwas?

veeree enthokke untŭ?
außerdem was-noch es-gibt
Haben Sie noch andere?

sari, ithŭ etukku.
okay, dies nehme
Ja, ich nehme es.

ñaan ithŭ pothiyatte?
ich dies packen-soll
Soll ich es einpacken?

veenta, ithrayum mathi.
möchte-nicht, so-viel genug
Nein, das ist alles.

Wenn Sie helfen wollen, die „Plastikschwemme“ in Kerala einzudämmen, verzichten Sie auf Plastiktüten. Entweder Sie nehmen zum Einkaufen eine Tasche mit, oder Sie sagen:

plaastikkŭ veenta! katalaasŭ sañchi mathiyaakum.
Plastik will-nicht, Papier Tüte genügen-wird
Bitte kein Plastik! Papiertüte genügt.

In einigen Orten (wie z. B. in Kovalam) werden zunehmend in Handarbeit hergestellte Papiertüten verwendet. Dadurch wird die Umwelt geschont und zugleich werden Einkommensmöglichkeiten für Frauen aus armen Bevölkerungsschichten geschaffen.

Feilschen

Wenn Sie ausgewählt haben, verhandeln Sie über den Preis. In Kerala ist Feilschen durchaus üblich. Häufig ist auf Produkten, die Sie in Geschäften kaufen, ein Preis aufgedruckt. Dieser gilt wie in Deutschland als „unverbindliche Preisempfehlung“. In einzelnen Fällen ist aber auch hier Handeln möglich. Eine typische Preisverhandlung könnte wie folgt ablaufen:

paisa ethṟayaayi? enpathŭ ruupa maathṟam.
Geld wieviel-wurde achtzig Rupie nur
Wie viel kostet das? Nur 80 Rupien.

ithŭ othiri kuuṯuthal aanŭ.
dies zu viel ist
Das ist zu viel.

ñaan anpathŭ ruupa tharaam.
ich fünfzig Rupie geben-werde
Ich zahle 50 Rupien.

ningaḻkkŭ ezhupathŭ ruupaykkŭ eṯukkaam.
Ihnen[3] siebzig Rupie[3] nehmen-können
Für 70 Rupien können Sie es haben.

illa, anpathŭ ruupayil kuṯuthal tharilla.
nein, fünfzig Rupie(-in)[7] mehr-als gebe-nicht
Nein, ich zahle nicht mehr als 50 Rupien.

🔊 **ningalkkŭ arupathŭ ruupaykkŭ eṯukkaam.**
Ihnen[3] sechzig Rupie[3] nehmen-können
Für 60 Rupien können Sie es haben.

🔊 **ñaan anpathŭ ruupa maathṟamee tharu.**
ich fünfzig Rupie nur geben-werde
Ich zahle nur 50 Rupien.

🔊 **ṣari, ningalkkŭ eṯukkaam.**
okay, Ihnen[3] nehmen-können
Okay, Sie können es haben.

ningaluṯe kaiyyil aññuuṟu ruupayuṯe chillaṟa untoo?
Ihre[2] Hand(-in)[7] fünfhundert Rupie[2]
Wechselgeld es-gibt-?
Können Sie auf 500 Rupien rausgeben?

svarṇam – veḷḷi	Gold – Silber	**Schmuck**
maala	Kette	
vaḷa	Armreifen	
kammal	Ohrring	
moothiram	Ring	
paadasvaram	Fußkettchen	
vaacchŭ [watch]	Armbanduhr	

karakauṣalavasthukkaḷ	Kunsthandwerk	**Kunsthandwerk**
marakkotthupaṇi	Holzschnitzerei	**& Souvenirs**
chandanatthaṭi	Sandelholz	
viitti	Rosenholz	
nilaviḷakkŭ	Öllampe	
veḷḷootŭ	Bronze	
picchaḷa	Messing	
chandanatthiri	Räucherstäbchen	

ithŭ sarikkulla chandanatthatiyaanoo?
dies Echtheit-besitzendes Sandelholz-ist-?
Ist das echtes Sandelholz?

Bekleidung

saari	Sari
churidaar	Churidar
muntŭ	Dhoti (langes Lendentuch)
meelmuntŭ	Schal
blausŭ [blouse]	Bluse
paavaata	Rock
vasthram	Kleid
sharttŭ [shirt]	Hemd
paantŭ [pants]	Hose
shuusŭ [shoes]	Schuhe
sooksŭ [socks]	Socken
kuttikalkkulla thunikal	Kinderbekleidung

Farben

chumanna	rot
mañña	gelb
kaaviniram	orange
paccha	grün
niila	blau
karuttha	schwarz, dunkel
veluttha	weiß
thavittŭ	braun

ivite thayyalkkaaranuntoo?
hier Schneider-es-gibt-?
Gibt es hier einen Schneider?

eppool thayyaarakum?
wann fertig-sein-wird
Wann ist es fertig?

eppool̲ enikkŭ kont̲upookaam?
wann mir³ mit-gehen-kann
Wann kann ich es abholen?

Mengen & Maße

g̲raam [gram]	Gramm
kiloog̲raam [kilogram]	Kilogramm
liter̲ [litre]	Liter
miitar̲ [metre]	Meter
kiloomiitar̲ [kilometre]	Kilometer

In Kerala ist das metrische System gebräuchlich.

oru kilo naaranga
ein Kilo Orange
ein Kilo Orangen

Aalappuzhakkŭ (U) **eezhŭ kiloomiitar̲ kuut̲i unt̲ŭ.**
Alappuzha(-nach)⁸ sieben Kilometer noch es-gibt
Bis Alappuzha sind es noch sieben Kilometer.

kur̲acchŭ	wenige, einige, weniger
val̲are kur̲acchŭ	sehr wenig, sehr wenige
otthiri	viele
kuut̲uthal	mehr
val̲are kuut̲uthal	zu viel
irat̲t̲i	doppelt so viel/viele

unbestimmte Mengenangaben

naarangakkŭ vila val̲are kuut̲uthal aan̲ŭ.
Orange³ Preis zu viel ist
Die Orangen sind zu teuer.

Uhrzeit, Datum & Kalender

Wie in ganz Indien gilt auch in Kerala die I.S.T. = Indian Standard Time oder auch scherzhaft Indian Stretchable Time. Das heißt, einige Zeitbegriffe sind durchaus etwas dehnbarer.

Uhrzeit Die Uhrzeit wird sehr einfach nach folgendem Muster gebildet: volle Stunde + **maṇi** (Uhr) + **y** als Verbindungskonsonant + Vergangenheit von **aakuka** (werden).

samayam enthaayi? **ippooḷ raṇtumaṇiyaayi.**
Zeit was-wurde *jetzt zwei-Uhr-wurde*
Wie spät ist es? Jetzt ist es zwei Uhr.

Achtung! aaṟara „sechs-halb" heißt „6 Uhr 30", also halb sieben, nicht halb sechs! Will man eine halbe Stunde ausdrücken, wird **ara** (halb) dazwischengeschoben. Will man Viertelstunden oder Dreiviertelstunden ausdrücken, wird **-ee-** (als Verbindungsvokal) + **-kaal** (viertel) bzw. **-ee-** + **-mukkaal** (dreiviertel) dazwischengeschoben:

aaṟarayaayi. *sechs-halb-wurde*	Es ist halb sieben.
pattheekaalmaṇiyaayi. *zehn-viertel-Uhr-wurde*	Es ist Viertel nach zehn.
onpatheemukkaal. *neun-dreiviertel*	Es ist Viertel vor zehn.
panthṟanteepathŭ. *zwölf-zehn*	Es ist zehn nach zwölf.
panthṟantinŭ pathŭ miniṭṭŭ. *zwölf⁵ zehn Minute*	Es ist zehn vor zwölf.

Minuten nach der vollen Stunde werden nach dem Muster volle Stunde + -ee- + Minutenzahl angegeben.

nii eppooḷ varum?   **ñaan aaṟumaṉikkŭ varum.**

du wann kommen-wirst ich 6-Uhr-um komme-werde

Wann kommst du? Ich komme um sechs Uhr.

ñangaḷ muunnumaṉikkuuṟinakam varum.

wir(-exkl.) drei-Stunden-binnen kommen-werden

Wir kommen in drei Stunden.

innŭ	heute	**unbestimmte**
naaḷe	morgen	**Zeitangaben**
matennaaḷ	übermorgen	
innale	gestern	
miniññaannŭ	vorgestern	
neeratthe	früh	
vaiki	spät	
pṟabhaatham, raavile	Morgen	
uccha	Mittag	
ucchathiriññŭ	Nachmittag	
vaikunneeram	Abend	
raathṟi	Nacht	
divasam	Tag	
aazhcha	Woche	
maasam	Monat	
kollam	Jahr	

ñangaḷ atuttha aazhcha maṯangippookum.

wir(-exkl.) nächste Woche zurückgehen-werden

Wir reisen nächste Woche ab.

atuttha thavaṉa Keeraḷatthileekkŭ ennŭ varum?

nächstes Mal Kerala(-nach)[8] wann kommen-werden

Wann kommen Sie/kommst du das nächste Mal nach Kerala?

Wochentage

ñaayar	Sonntag
thinkal	Montag
chovva	Dienstag
budhan	Mittwoch
vyaazham	Donnerstag
velli	Freitag
sani	Samstag

Bei der Antwort wird an die Wochentage das Wort aazhcha *(Woche) angehängt. Bei* vyaazham *entfällt das* -am *aus Aussprachegründen.*

innŭ enthŭ divasam aanŭ?
heute welcher Tag ist
Welcher Wochentag ist heute?

innŭ vyaazhaazhcha aanŭ.
heute Donnerstag-Woche ist
Heute ist Donnerstag.

Monate

Die Malayalam-Ära beginnt mit dem Jahr 825 n. Chr. Unser Jahr 2005 ist also im Malayalam-Kalender das Jahr 1180.

Die Monatsnamen entsprechen (malayalisiert) den englischen Monatsnamen. Zusätzlich gibt es die Malayalam-Zeitrechnung, deren Monate den Sternzeichen entsprechen. Viele traditionelle Feste sowie Horoskop-Berechnungen richten sich nach dem Malayalam-Kalender.

jaanuvari [January]	**makaram**	Januar – Februar
phebruvari [February]	**kumbham**	Februar – März
maarcchŭ [March]	**miinam**	März – April
eepril [April]	**meetam**	April – Mai
meeyŭ [May]	**itavam**	Mai – Juni
juun [June]	**mithhunam**	Juni – Juli
juulayŭ [July]	**karkkatakam**	Juli – August
oogastŭ [August]	**chingam**	August – September
septambar [September]	**kanni**	September – Oktober
oktoobar [October]	**thulaam**	Oktober – November
navambar [November]	**vrŭschikam**	November – Dezember
disambar [December]	**dhanu**	Dezember – Januar

innŭ enthaa thiiyathi?
heute welches Datum
Welches Datum ist heute?

innŭ jaanuvari irupatthaar̲aam thiiyathi aan̲ŭ.
heute Januar zwanzig-sechs-ter Datum ist
Heute ist der 26. Januar.

Der 26. Januar ist in Indien der Tag der Republik, ein staatlicher Nationalfeiertag.

Religion, Feste & Feiertage

Das wichtigste Fest in Kerala ist **Oon̲am,** das von allen Religionsgruppen gefeiert wird. Es findet zur Erntezeit Ende August statt und erinnert an die gerechte Verteilung des Wohlstands unter der Herrschaft des legendären Königs **Mahaabali.**

oon̲aas̲amsakal̲!
Onam-Wünsche
Alles Gute zu Onam!

kaan̲am vitum oon̲am un̲n̲an̲am.
Lendentuch verkaufen-sogar Oonam(-festessen) essen
Wir müssen Onam feiern, selbst wenn wir unsere nötigsten Dingen verkaufen müssen.

Meist Mitte September feiern auch die Malayalis in Deutschland Oon̲am, *denn der König besucht sie alle, egal wo auf der Welt sie leben.*

Das keralesische **Vishu**-Fest wird am ersten Tag des Monats **meet̲am** im April gefeiert. Es hat den Stellenwert eines Neujahrsfestes und wird mit Feuerwerk begangen.

vishudinaaṣamsakaḷ!
Vishu-Tag-Wünsche
Alles Gute zum Neujahrsfest!

nava varshaaṣamsakaḷ!
neu Jahr-Wünsche
Ein frohes neues Jahr! (am 1. Januar)

uthsavam	Fest
aaghoosham	Feier
veṭikeṭṭŭ	Feuerwerk
paṭakkam	Knaller (Feuerwerk)

ennaaṇŭ inthyayuṭe svaathanthṛyadinam?
wann-ist Indiens[2] Unabhängigkeitstag
Wann ist der indische Unabhängigkeitstag?

**oogastŭ pathinañchamthiyathi aanŭ svaat-
hanthṛyadinam.**
August zehn-fünf-ter-Datum ist Unabhängigkeitstag
Der Unabhängigkeitstag ist am 15. August.

Religionen

*Hinduismus,
Christentum und
Islam sind die
wichtigsten Religionen
in Kerala.*

ñaan hindu / kṛŭsthyani / musliim aaṇŭ.
ich Hindu / Christ(m/w) / Muslim(m/w) bin
Ich bin Hindu / Christ(in) / Muslim(in).

Hindus feiern das Lichterfest **Diipaavali** sowie
Ṣivaraathṛi (zur Ehrung der Toten) und das
Puram-Fest in Thrissur (**Thriṣṣuurpuuram**). In
jedem Hindu-Tempel werden meist in der Zeit
zwischen Februar und April Tempelfeste ge-

feiert, die mit der Geschichte des jeweiligen Tempels in Zusammenhang stehen. Die berühmtesten Tempel in Kerala sind der **Ayyappa**-Tempel in **Sabarimala** und der Krischna-Tempel in **Guruvaayuur.**

athoru sivaksheethramaanoo?
dies-ein Shiva-Tempel-ist-?
Ist dies ein Shiva-Tempel?

ksheethram, ampalam	Tempel
puujaari	hinduistischer Priester
puuja	Gebet, Verehrung
neerccha, prasaadam	Gabe an die Götter
sanyaasi	Asket
aana	Elefant
deevan (m) – **deevi** (w)	Gott – Göttin
avathaaram	Inkarnation
thiirtthaatanakeendram	Pilgerzentrum
bhakthigaanam	religiöses Lied

Je bedeutender ein Tempelfest, desto mehr Elefanten! Oder umgekehrt.

palli	Kirche
kurbaana	Gottesdienst
vikaari [vicar]	Vikar, Pfarrer
methraan	Bischof
suriyaani-oorthodoks [Syrian-Orthodox]	syrisch-orthodox
kaathoolikka [Catholic]	katholisch

Neben Goa ist Kerala Indiens christlichster Bundesstaat. Unter Christen wird insbesondere Krŭsthumas [Christmas] *Weihnachten gefeiert.*

Muslime feiern vor allem den Fastenmonat Ramadan (**Ramsaan**).

musliim palli	Moschee
velliyaazhccha-niskaaram	Freitagsgebet

Familienfeiern

Geburtstage werden gefeiert, unter Hindus meist mit einem Tempel-Besuch. Zu Hause wird für Freunde und Verwandte die Süßspeise **paayasam** zubereitet.

Wenn Sie zu einer Hochzeit (vivaaham, kalyaanam) *eingeladen sind, wünschen Sie dem Brautpaar „Hochzeits-Wünsche". Zur Geburt eines Babys gratuliert man den Eltern mit „Gratulationen".*

janmadinaasamsakal!
Geburt-Tag-Wünsche
Herzlichen Glückwunsch zum Geburtstag!

vivaahaasamsakal!
Hochzeit-Wünsche

anumoodanangal!
Gratulationen

Klassische Musik & Tanz

Die bekanntesten Tanzformen in Kerala sind das Tanztheater **kathhakali** sowie der Frauen-Solo-Tanz **moohiniyaattam** und der Männer-Solotanz **thullal,** der auch komische und sozialkritische Elemente enthält.

eviteyaanŭ oru kathhakaliparipaati kaanaan kazhiyuka?
wo-ist eine Kathakali-Aufführung um-zu-sehen können
Wo kann ich eine Kathakali-Aufführung sehen?

ii paripaati ethra samayamuntŭ?
diese Aufführung wieviel Zeit-es-gibt
Wie lange dauert die Aufführung?

In der klassischen Musik unterscheidet man die Hindustani- und karnatische Tradition.

nrŭttham	Tanz
naatakam	Drama
haasyaanukaranam	Mimikri, Sketche
nartthakan (m)	Tänzer
nartthaki (w)	Tänzerin
natan (m)	Schauspieler
nati (w)	Schauspielerin

Traditionell dauern Kathakali-Aufführungen die ganze Nacht. In einigen Orten, wie Kochi, Varkala oder Kovalam, gibt es aber auch spezielle Aufführungen für Touristen, die wesentlich kürzer sind.

aval nalla nartthaki aanŭ.
sie gute Tänzerin ist
Sie ist eine gute Tänzerin.

paattukaccheeri	Konzert
gaayakan (m)	Sänger
gaayika (w)	Sängerin
paattukaaran (m)	Musiker
paattukaari (w)	Musikerin
bhaavagiitham	Melodie
thabala	Tabla
viina	Veena
siithaar	Sitar
chenta	Trommel
ootakkuzhal	Flöte

enikkŭ saasthriiya sangiitham ishtamaanŭ.
mir[3] klassische Musik Liebe-ist
Ich liebe klassische Musik.

Kino & Filmmusik

Tolle Möglichkeiten, einige Facetten des gesellschaftlichen Lebens in Kerala zu erleben, bieten sich durch einen Kinobesuch.

Anders als die Traumwelten der meisten Bollywood-Produktionen aus der Filmmetropole Mumbai sind Malayalam-Filme weitaus näher am realen Leben. Und sie gehen auch nicht immer gut aus!

enikkŭ oru malayaalam sinima kaananam.
mir[3] ein Malayalam Kinofilm sehen-möchte
Ich würde gerne einen Malayalam-Kinofilm sehen.

ii sinimayile pradhaana natan aaraanŭ?
dieses Kinofilms Haupt Schauspieler wer-ist
Wer spielt die Hauptrolle in diesem Film?

ithŭ enthŭ tharam sinimayaanŭ?
dieser welche Art Kinofilm-ist
Was ist es für ein Film?

Kinobesuche sind in Kerala ein Familienereignis. Viele Malayalam-Filme bedienen deshalb die unterschiedlichsten Interessen. Dennoch lassen sich einige Schwerpunkte ausmachen:

akramam	Gewalt
pranayam	Liebe
thamaasa	Komödie
kutumbakathha	Familiengeschichte
kooleejŭ kathha	College-Geschichte

eppoozhaanŭ sinima aarambhikkunnathŭ?
wann-ist Kinofilm beginnt-das
Wann beginnt der Film?

ii sinima ethṟa samayamuṉṯŭ?
dieser Kinofilm wieviel Zeit-es-gibt
Wie lange dauert der Film?

Eine Filmdauer von über drei Stunden ist der Normalfall. Schließlich will man für sein Geld ja auch etwas geboten bekommen!

Eine zentrale Komponente indischer Filme sind die Musikeinlagen. Die Musik, die vor dem Film auf den Markt kommt, ist neben den Schauspielern oft entscheidend für den Erfolg oder Misserfolg des Films. Die Schauspieler singen allerdings fast nie selber. Dafür gibt es Playback-Sänger, die ihrerseits ebenfalls Superstars sind.

ippoozhuḻḻa eetavum nalla aalbam [album] **eethaaṉŭ?**
jetziges am-meisten gut Album welches-ist
Welches ist momentan das beste Album?

ithenne onnu keeḻppikkaamoo?
dies-für-mich[4] einmal spielen-können-?
Können Sie dies für mich spielen?

Flirt & Liebe

Obwohl sich schon sehr viel verändert hat, ist die keralesische Gesellschaft noch immer sehr konservativ. Zwar sind Liebesheiraten inzwischen stärker akzeptiert, hin und wieder sogar zwischen unterschiedlichen Kasten oder Religionen, doch ist die von den Familien arrangierte Ehe immer noch die Regel.

Neben dem passenden Horoskop spielen für die Eheschließung noch diverse andere Aspekte eine Rolle: Religion, Kaste, Vermögen, Einkommen, Ausbildung, Hautfarbe und und Farbschattierung.

Liebesbeziehungen vor der Ehe sind tabu, kommen aber durchaus vor. Der Austausch von Zärtlichkeiten, auch nur andeutungsweise, wird in der Öffentlichkeit aber strengstens vermieden. Das gilt natürlich auch für Touristen! Wenn ein Malayali sagt:

ava<u>l</u> ente kuu<u>tt</u>ukaariyaa<u>n</u>ŭ.
sie meine[2] Freundin-ist
Sie ist meine Freundin.

... so ist oft das gemeint, was wir als platonische Liebe bezeichnen würden oder einfach nur Freundschaft. Ob darauf einmal eine Verlobung und Hochzeit folgt, steht im wahrsten Sinne des Wortes in den Sternen. Denn wenn das Horoskop nicht passt, hat auch die Liebe kaum eine Chance. Aber versuchen kann man's ja mal ...

ñaan ninne premikkunnu/ sneehikkunnu.
ich dich[4] liebe
Ich liebe dich.

ninakkenne kalyaa<u>n</u>am kazhikkaamoo?
dir[3]-mich[4] Heirat tun-können-werden-?
Willst du mich heiraten?

Fotografieren

Kerala bietet eine Fülle fantastischer Fotomotive. Die meisten Leute lassen sich gerne fotografieren oder haben zumindest nichts dagegen. Dennoch tut man gut daran, vorher um Erlaubnis zu bitten. Und natürlich freuen sich Ihre „Fotomotive“ über einen Abzug!

ningalute oru phoottooyetutthootte?
ihr[2] ein Foto-nehmen-darf-?
Darf ich ein Foto von Ihnen machen?

etukkaam.
nehmen-können
Ja, machen Sie nur.

ningal enikkŭ oru kooppi [copy]
ayacchutharumoo?
Sie mir[3] eine Kopie schicken-werden-?
Schicken Sie mir einen Abzug?

thiircchayaayum. ñaan jarmaniyil [Germany]
chennittŭ.
sicher. ich Deutschland-in angekommen-nach
Natürlich. Wenn ich wieder in Deutschland bin.

kollaam. athŭ mathi. pakshe marakkaruthŭ.
gut, das genug. aber nicht-vergessen
Gut, das ist okay, aber vergessen Sie es nicht.

ningaluṯe meelvilaasam tharuka.
Ihre[2] Adresse geben!
Geben Sie mir Ihre Adresse.

Man darf große Geschenke machen, aber man darf nicht jemandem Hoffnung machen, die man nicht erfüllen kann (oder will).

aana kotutthaalum aasa kotukkaruthŭ.
Elefant geben Hoffnung niemals-geben
Was man verspricht, muss man auch halten!

Um Fotos vor Ort zu verschenken (und Versprechen leichter einlösen zu können), können Sie Ihre Filme in Kerala entwickeln lassen. Modernere Fotogeschäfte drucken Ihre Fotos auch von CD oder von der Speicherkarte der Digitalkamera.

oru kooppikkŭ [copy] **ethra kaasaakum?**
eine Kopie[3] wieviel Geld-wird
Was kostet ein Abzug?

ellaatthinteyum rantŭ kooppi [copy] **viitham etukkuu.**
(von-)allen[2] zwei Kopien jeweils nehmen-höfl.!
Bitte machen Sie je zwei Abzüge.

eppozhekkŭ sariyaakum?
wann-bis fertig-sein-werden
Wann werden sie fertig sein?

Telefon, Post & Internet

Im Kommunikationszeitalter ist Telefonieren auch in Kerala mittlerweile kein Problem mehr. Fast an jeder Ecke sehen Sie Schilder, die auf ISD (**ai-es-ti**), STD (**es-ti-ti**) und local call (**lookkal kool,** d. h. Ortsgespräche) hinweisen.

ISD (International Subscriber Dialing) *steht für Auslandsgespräche, STD* (Subscriber Trunk Dialing) *steht für Ferngespräche innerhalb Indiens.*

Telefonieren

ivitunnŭ oru phoon kool [phone call] **cheyyaamoo?**
hier ein Telefon Ruf kann-machen-?
Kann ich von hier ein Telefonat machen?

Handys werden immer beliebter. Beliebt sind vor allem pre-paid SIM-Karten, die meist 1 bis 6 Monate gültig sind und auch für Reisende eine gute Möglichkeit bieten, unterwegs telefonisch und per SMS [text message] erreichbar zu sein.

mobil erreichbar sein

Einfach Handy von zu Hause mitbringen. Natürlich kann man auch in Kerala Handys kaufen (oder ausleihen). Auch wenn es englisch klingt, ist das Wort „Handy" in Indien nicht üblich. Gängige Begriffe sind cell phone, mobile phone *oder* mobile handset *(für das Gerät).*

ningal mobail phooninulla kaardŭ [mobile phone card] **vilkkunnoo?**
Sie mobil Telefon-(Eigenschaft-)besitzende Karte verkaufen-?
Verkaufen Sie SIM-Karten für Handys?

eethŭ SIM-kaardinaanŭ keeralatthil eetavumadhikam kavarejullathŭ [coverage]**?**
welche SIM-Karte-ist Kerala(-in)[7] meiste Netzabdeckung-besitzend-das
Welche SIM-Karte hat die beste Netzabdeckung in Kerala?

National roaming *ist wichtig, wenn man vorhat, auch andere Gegenden Indiens zu bereisen.*

enikkŭ nashanal rooming [national roaming] **onnu aaktivait** [activate] **cheythŭ tharaamoo?**
mir[3] landesweite Erreichbarkeit einmal aktiviert gemacht geben-können-?
Können Sie national roaming für mich aktivieren?

ningalute telephoon nambar [telephone number] **onnu tharaamoo?**
Ihre[2] Telefon Nummer einmal geben-können-?
Können Sie mir Ihre Telefonnummer geben?

athŭ mobail nambar [mobile number] / **leendlain nambar** [landline number] **aanoo?**
das Mobil Nummer / Festnetz Nummer ist-?
Ist das eine Handy-/Festnetz-Nummer?

athinumunpŭ puujyam kuuttanoo?
davor Null addieren-?
Muss ich davor eine Null wählen?

koodŭ nambar [code number] **enthaanŭ?**
Vorwahl Nummer was-ist
Was ist die Vorwahl?

Aalappuzhayute koodŭ nambar [code number] **puujyam naalŭ eezhŭ eezhŭ aanŭ.**
Alappuzhas[2] Vorwahl Nummer Null vier sieben sieben ist
Die Vorwahl für Alappuzha ist 0477.

Selbst wenn Ihre Freunde in Kerala gut Englisch sprechen, kann es passieren, dass Sie bei einem Anruf jemanden an die Strippe bekommen, der oder die nur Malayalam spricht. Hierzu eine typische Gesprächssituation:

Telefongespräch

haloo! ithŭ Rameeshaanŭ
samsaarikkunnathŭ.
hallo! dies Ramesh-ist spricht-das
Hallo, hier spricht Ramesh.

enikkŭ Siithayootŭ samsaarikkaan patumoo?
mir[3] Sitha(-gegenüber)[5] um-zu-sprechen können-werde-?
Könnte ich bitte mit Sitha sprechen?

soori [sorry]**, Siitha viittil illa.**
tut-mir-Leid, Sitha Haus(-in)[7] nicht
Tut mir Leid, Sitha ist nicht zu Hause.

aval evite aanŭ?
sie wo ist
Wo ist sie?

aval eppool thiricchu varum?
sie wann zurück kommen-wird
Wann kommt sie zurück?

aval Eranaakulatthŭ (U) **pooyirikkukayaanŭ.**
sie Ernakulam(-nach)[8] gefahren-ist
Sie ist nach Ernakulam gefahren.

eezhŭ manikkŭ seesham aval viittil kaanum.
sieben Uhr-um nach sie Haus(-in)[7] zu-sehen-sein-wird
Sie wird nach 7 Uhr wieder zu Hause sein.

sari, ñaan vilicchirunnu ennŭ parayaamoo?
okay, ich angerufen-hatte dass sagen-können-?
Okay, können Sie ihr bitte ausrichten, dass ich angerufen habe?

sari, ñaan avaḷooṭŭ paṟayaam.
ja, ich ihr(-gegenüber)[5] sagen-kann
Okay, ich werde es ihr sagen.

**Siithayooṭŭ paṟayaṉam ñaan naaḷe
Aalappuzhakkŭ (U) varum ennŭ.**
*Sitha(-gegenüber)[5] sagen-sollen ich morgen
Alappuzha(-nach)[8] kommen-werde dass*
Bitten richten Sie Sitha aus, dass ich morgen
nach Alappuzha kommen werde.

ñaan pinniiṭŭ viḷikkaan sṟamikkaam.
ich später um-anzurufen versuchen-kann
Ich werde versuchen, später noch einmal
anzurufen.

sooṟi [sorry], enthaa paṟañathŭ?
Entschuldigung, was sagten-das
Entschuldigung, was haben Sie gesagt?

enikkŭ manassilaayilla.
mir[3] verstanden-habe-nicht
Ich habe nicht verstanden.

lain [line] kḷiyaṟ [clear] alla.
Verbindung klar so-ist-es-nicht
Die Verbindung ist nicht gut.

Internet

oru maṉikkuuṟ brausinginŭ [browsing] ethṟayaanŭ?
eine Stunde Internet-surfen[3] wieviel-ist
Was kostet eine Stunde Internet-Surfen?

enikkŭ ivite i-meyil [e-mail] **chekkŭ** [check] **cheyyaan patumoo?**
mir[3] hier E-Mail prüfen um-zu-tun möglich-wird-?
Kann ich hier E-Mails abrufen?

ivite lain [line] **veegatthilaanoo?**
hier Verbindung schnell-ist-?
Sind die Verbindungen schnell?

Internet-Cafés sind in Kerala weit verbreitet. So haben Sie sogar in kleineren Städten die Möglichkeit, E-Mails zu verschicken oder aktuelle Neuigkeiten aus dem Internet abzurufen.

auf der Post

oru ezhutthŭ jarmaniyileekkŭ ayakkunnathinŭ enthaakum?
ein Brief Deutschland(-nach)[8] schicken-für-das wieviel-wird
Wie viel kostet ein Brief nach Deutschland?

enikkŭ jarmaniyileekkŭ añchŭ ezhutthŭ ayakkaanulla staampŭ [stamp] **veenam.**
mir[3] Deutschland(-nach)[8] fünf Brief zu-schicken-benötigte Briefmarke möchte
Ich hätte gerne Briefmarken für fünf Briefe nach Deutschland.

poostkaardŭ [postcard]	Postkarte
eyaroograam [aerogramme]	Aerogramm
paarsal [parcel]	Päckchen
bukkupoostŭ [book post]	Büchersendung
eyarmeyil [airmail]	Luftpost
spiidpoostŭ [speed post]	Eilpost
sarphasŭ meyil [surface mail]	Land- und Seeweg

Wo man kein Malayalam braucht

Mit Englisch kommt man durch Indien. Aber nicht nach Indien hinein! – Ehrlich gesagt: Auf den Touristenpfaden kommt man in den meisten Fällen mit Englisch gut zurecht, so zum Beispiel beim Geld Wechseln oder am Flughafen. Kerala ist der indische Bundesstaat mit dem höchsten Bildungsniveau. Fast immer findet man einen hilfsbereiten Menschen, dessen Englisch zwar nicht Schulenglisch sein mag, zur Verständigung jedoch allemal ausreicht. Viele Leute, besonders in den Dörfern, brauchen die englische Sprache im Alltag allerdings kaum. An den Schulen mit Malayalam als Unterrichtssprache (Malayalam medium schools) ist Englisch nur eines von vielen Unterrichtsfächern. Frauen sind häufig zu schüchtern, Englisch zu sprechen, auch wenn sie es in der Schule gelernt haben.

Auf der anderen Seite finden Sie aber auch Familien, die die englische Sprache als eine Errungenschaft betrachten.

Für die Mittel- und Oberschicht gilt es als modern, Kinder in Englisch zu erziehen. Da diese Kinder zudem noch auf Schulen gehen, wo Englisch Unterrichtssprache ist (English medium schools), sprechen sie im Alltag kaum noch Malayalam. Doch auch in solchen Fällen wird das Interesse von Besuchern an der Sprache und Kultur des Landes durchaus wertgeschätzt.

Besonders in der Wirtschaftsmetropole Kochi/Ernakulam wird mehr und mehr Englisch gesprochen.

Wetter & Jahreszeiten

Das Wetter ist v. a. dann ein Gesprächsthema, wenn der erste Regen erwartet wird.

innŭ mazha peyyumoo?
heute Regen runterfallen-wird-?
Wird es heute regnen?

nalla kann „gut" oder „stark" bedeuten.

ippoo̯ nalla/neeriya mazhayuntŭ.
jetzt stark/leicht Regen-es-gibt
Jetzt regnet es stark / ein wenig.

nalla chuuṯŭ uṉṯŭ.
stark heiß es-gibt
Es ist heiß.

enikkŭ thaṉuppaaṉŭ.
mir[3] kalt-ist
Mir ist kalt.

| kaalaavasthha | Wetter | kaatŭ | Wind |
| suuryan | Sonne | koṯunkaatŭ | Sturm |

Jahreszeiten

„Kalt“ ist natürlich ausgesprochen relativ.

In Kerala werden traditionell sechs Jahreszeiten unterschieden, die jeweils zwei Monate andauern.

griishmakaalam	Sommer	Mai-Juni-Juli
var̲shakkaalam	Regenzeit	Juli-August-September
s̲arathaalam	Herbst	September-Oktober-November
heemanthakaalam	Kalte Jahreszeit	November-Dezember-Januar
	(In diesen Monaten ist es besonders an der Küste kalt.)	
s̲is̲irakaalam	Kalte Jahreszeit	Januar-Februar-März
	(In diesen Monaten ist es besonders in den Bergen kalt.)	
vasanthakaalam	Frühling	März-April-Mai

Ganz grob kann man auch einfach zwei sich im Jahresablauf abwechselnde Jahreszeiten unterscheiden.

veenalkkaalam	Trockenzeit	Dezember bis Ende Mai
mazhakkaalam	Regenzeit/Monsun	Juni bis September (Hauptmonsun, s. o.) Oktober/November (Spätmonsun)

Tempelfest

Gesundheit & Krankheit

Die Gesundheitsversorgung ist in Kerala vergleichsweise gut. Neben der gängigen „Schulmedizin“ (Allopathie) gibt es auf Homöopathie und auf Ayurveda spezialisierte Ärzte/Apotheken. Meist werden Sie im Gespräch mit dem Arzt kein Malayalam brauchen, denn Englisch ist hier absolut gebräuchlich. Aber man weiß ja nie.

enikkŭ oru danthavaidyane kaananam.
mir[3] ein Zahnarzt[4] sehen-muss
Ich brauche einen Zahnarzt.

enikkŭ vayarŭ veedanikkunnu.
mir[3] Bauch wehtut
Mein Bauch tut weh.

oru dooktare vilikkuu!
einen Arzt[4] ruf-höfl.!
Rufen Sie einen Arzt!

kaithantŭ	Arm
kannŭ	Auge
kaalŭ	Bein
neñchŭ	Brust(korb)
viral	Finger
paadam	Fuß
kazhutthŭ	Hals
kai, kaiyyŭ	Hand
kaalmuttŭ	Knie
thala	Kopf
sariiram	Körper
chevi	Ohr
puram	Rücken
thoolŭ	Schulter

In den Satz „Mein Bauch tut weh“ können Sie statt „Bauch“ nach Bedarf andere Körperteile einsetzen.

enikkŭ pani untŭ.
mir[3] Fieber es-gibt
Ich habe Fieber.

enikkŭ garbham untŭ.
mir[3] Schwangerschaft es-gibt
Ich bin schwanger.

enikkŭ asukham thoonnunnu.
mir[3] Unwohlsein fühle
Mir ist übel.

enikkŭ vayarilakkatthinethire oru marunnu veenam.
mir[3] Durchfall-das-gegen ein Mittel brauche
Ich brauche ein Mittel gegen Durchfall.

vayarilakkam	Durchfall
malabandham	Verstopfung
pani	Fieber
thaapanila	Temperatur
jaladoosham	Erkältung
phluu [flu]	Grippe
chuma	Husten
thalaveedana	Kopfschmerzen
maññappittham	Hepatitis
malampani	Malaria
sannipaatham	Typhus
palluveedana	Zahnschmerzen

Ayurveda

Aayurveedam „Wissen vom Leben“ nannten die alten Inder ihre komplexe medizinische Wissenschaft (**aayur** = Leben, **veedam** = Wissen). Die ayurvedische Heilkunst setzt auf eine gesunde Lebensweise, insbesondere auf eine richtige Ernährung. Die Therapien umfassen sowohl Maßnahmen zur Linderung der Symptome von Krankheiten (**s̱amana chikitsa**) als auch die Behandlung ihrer Ursachen (**s̱oodhana chikitsa**).

ñaan p̱rameeharoogiyaaṉŭ.
ich Diabetiker-bin
Ich bin Diabetiker.

enikkŭ blad̲p̱rashar̲ un̲t̲ŭ.
mir³ Blutdruck es-gibt
Ich habe hohen Blutdruck.

kaasaroogam, aasthma [asthma]	Asthma
vaatham	Rheuma
vayat̲t̲ippun̲n̲u	Magengeschwür
ur̲akkamillaayma	Schlaflosigkeit
naad̲iroogam	nervöse Störungen
thal̲ar̲vaatham	Lähmung
ar̲budham	Krebs

Auch für Urlauber, die erst vor Ort mit Ayurveda Bekanntschaft machen und mal die Nase in ayurvedische Kräutertöpfe stecken möchten, gibt es zahlreiche Angebote. Meist beschränken sich diese auf einzelne Ölanwendungen und -massagen. Dafür ist es hilfreich, folgende Sätze zu verstehen:

Immer mehr Touristen kommen nach Kerala, um sich einer mehrwöchigen Revitalisierungskur zu unterziehen, um Kräfte zu sammeln oder um chronische Krankheiten ayurvedisch behandeln zu lassen.

avit̲e kit̲akkuu.
dort hinlegen-höfl.!
Legen Sie sich hin!

malaṟnnŭ kiṯakkuu.
nach-oben-gerichtet hinlegen-höfl.!
Legen Sie sich auf den Rücken.

kamizhnnŭ kiṯakkuu.
nach-unten-gerichtet hinlegen-höfl.!
Legen Sie sich auf den Bauch.

oru bhaagam chariñŭ kiṯakkuu.
eine Seite umgedreht hinlegen-höfl.!
Legen Sie sich auf die Seite.

mate bhaagam.
andere Seite
Andere Seite.

thenniviizhalle!
rutschend-fallen-nicht!
Nicht ausrutschen!

Nach der Anwendung hat man natürlich ölige Füße!

Eine Kur umfasst auch die Einnahme von Medikamenten, eine spezielle Diät, Yoga und die eine oder andere klassische pañchakaṟma*-Behandlung.* pañchakaṟma *sind die „fünf Tätigkeiten", d. h. die fünf wichtigen Behandlungsmethoden.*

bhakshaṉathinŭ oru maṉikkuuṟ munpŭ seevikkuka.
Mahlzeit[3] eine Stunde vor einnehmen
Eine Stunde vor dem Essen einnehmen.

eviṯe yooga pat̲h̲ikkaam?
wo Yoga lernen-kann
Wo kann ich Yoga lernen?

Die meisten Ayurveda-Begriffe, die auch in Kerala gängig sind, kommen aus dem Sanskrit. Gute englische oder deutsche Entsprechungen zu finden, ist manchmal schwierig.

Ayurvedische Anwendungen

sneehana (sansk.)	Öl-Anwendung allgemein (intern oder extern)
abhyangam (sansk.)	Sanfte Ölmassage (normalerweise als Selbstmassage Teil der täglichen Routine, im Rahmen einer Ayurveda-Kur ca. 45 Minuten)
pizhicchil	Anwendung, bei der warmes Öl über den gesamten Körper gegossen wird
dhaara (sansk.)	kontinuierlicher Fluss von Flüssigkeit
nasyam	Nasenanwendung (Einführen von Öl oder Pulver in die Nase)
snaanam	Bad
pathyam	Diät (vor allem Einschränkungen, nicht nur in Bezug auf Essen, sondern auch in Bezug auf andere Aspekte der Lebensführung)
sveedanam	Schwitzbad, Dampfbad

sarvaangam (sansk.)	ganzer Körper
adhakayam (sansk.)	untere Körperhälfte
eekaangam (sansk.)	irgendein Körperteil
siro- (sansk.)	Kopf-

Es wird unterschieden, welcher Teil des Körpers behandelt wird ...

sneeha (sansk.), **enna**	Öl
thakra (sansk.), **moorŭ**	Buttermilch
kshiira (sansk.), **paalŭ**	Milch

... und danach, was für Flüssigkeit verwendet wird ...

So kann man dann kombinieren ...

sarvaangadhaara	kontinuierlicher Fluss von Flüssigkeit über den ganzen Körper
sneehadhaara	kontinuierlicher Fluss von Öl über den ...

Ayurveda-Utensilien & -Heilmittel

kizhi	Kräutersäckchen, das unterschiedlich gefüllt sein kann (mit Blättern, Pulver, Reis, Limette, Ei etc.)
ilakkizhi	Kräutersäckchen, das mit Blättern gefüllt ist
poṭikkizhi	Kräutersäckchen, das mit Pulver gefüllt ist
ñavarakkizhi	Kräutersäckchen, mit einer besonderen Sorte Reis gefüllt
thaḷam	medizinische Paste, die auf die Stirn geschmiert wird
chuurṇa	Kräuterpulver aus Wurzeln, Rinde, Blüten, Samen etc.)
dhaara chaṭṭi	Tongefäß mit einem Loch an der Unterseite (für **ṣiroodhaara**-Anwendungen)
drooṇi	Holzliege

Kräuter Getrocknete Kräuter oder Teile eines Baumes (Wurzel, Stamm, Rinde, Blätter, Blüten) werden zu Pulver vermahlen. Das Pulver getrockneter Kräuter wird mit dem Saft verschiedener frischer Pflanzen vermischt und aus der daraus entstehenden Paste werden Pillen geformt, oder es werden Dekokte (Absude) hergestellt. Dazu werden getrocknete Kräuter in Wasser so lange gekocht, bis der Großteil der Flüssigkeit verdampft ist. Der konzentrierte Rest wird abgeseiht. Es gibt in Kerala eine enorme Vielfalt an Heilpflanzen. Hier nur einige wichtige:

kuṟunthooṭṭi	Sandmalve
ummam	Indischer Stechapfel
aaṭalooṭakam	Indisches Lungenkraut
aavaṇakkŭ	Rizinus
thuḷasi	heiliges Basilienkraut
raamaccham	Vetiver
panikkuuṟkka	Jamaika-Thymian
koṭuveeli	Bleiwurz

Bad & Toilette

Wasser ist in Kerala eine knappe Ressource, selbst und gerade in den Backwaters. Deshalb ist es wichtig, sparsam damit umzugehen. Wassersparender als die Dusche aus der Brause ist die indische Duschmethode, sich mit einem kleinen Topf Wasser aus einem Eimer über den Kopf zu gießen.

saaniteṟi ṭavvel [sanitary towel]	Damenbinde
thooṟthŭ	Handtuch
chiippŭ	Kamm
veḷicchenna	Kokosöl
koonṭam [condom]	Kondom
shaampuu [shampoo]	Shampoo
thuvaala	Taschentuch
ḍayappeṟ/naappi [diaper/nappy]	Windel
ṭuutthŭ bṟashŭ [tooth brush]	Zahnbürste
ṭuutthŭ peestŭ [tooth paste]	Zahnpasta

Kokosöl macht die Haare schön weich. Einfach mal ausprobieren!

Zwar findet man in Kerala schon häufig „westliche" Toiletten, doch der Standard sind indische Hock-Klos. Die sind hygienischer, haben aber nur selten eine Spülung mit Wasserkasten. Toilettenpapier gibt es in der Regel auch keins, dafür Wasser in einem Eimer mit einem kleinen Topf, das – unter Einsatz der linken Hand! – dem gleichen Zweck dient. Das erfordert etwas Übung, die sich aber lohnen kann. Vielleicht kommt man eines Tages doch mal in die Situation, wo man wirklich keine Alternative hat …

Aber wirklich nur die linke Hand nehmen! Die rechte Hand ist für andere Zwecke bestimmt … (s. S. 60).

Wer doch lieber bei der gewohnten Methode bleibt, sollte vorsichtshalber immer Toilettenpapier bei sich haben. Aber nicht in den Abfluss werfen, denn der verstopft leicht!

eviteyaanŭ muuthrappura/kakkuusa?
wo-ist Pissoir/Toilette
Wo ist die Toilette?

പുരുഷന്മാർ	സ്ത്രീകൾ
purushanmaar	**sthriikal**
Herren	Damen

kakkuusa	Toilette
muuthrappura	Pissoir
vellam	Wasser
sooppŭ	Seife
tooyilet peeppar [toilet paper]	Toilettenpapier

Schimpfen, Fluchen & Hilferufe

Schimpfwörter sind sehr beliebt und werden gerne und häufig gebraucht, sowohl tatsächlich zur Beschimpfung, als auch im freundschaftlichen Sinne. Als Ausländerin/Ausländer werden Sie damit allerdings kaum in Berührung kommen. Hier dennoch zwei Ausdrücke, die nicht ganz so kraftvoll sind, aber dennoch ihre Wirkung nicht verfehlen sollten:

naayinte moonee!
Hundes[2] Sohn[9]
Hundesohn!

thanthayillaa moonee!
Vater-nicht-gibt-es Sohn[9]
Bastard!

ninakkŭ pookaam!
dir[3] gehen-kannst
Du kannst gehen!

pootaa/pootii!
weggeh(m/w)!
Geh weg!

enne thotaruthŭ!
mich[4] berühre-nicht!
Fass mich nicht an!

enne mantanaakkaruthŭ!
mich[4] Idiot-mach-nicht!
Verarsch mich nicht!

Wir gehen nicht davon aus, dass Sie in Kerala Ärger haben werden. Trotzdem ein paar Ausdrücke für den äußersten Notfall.

ente peersŭ mooshticchu.
mein[3] Geldbeutel gestohlen-wurde
Mein Geldbeutel wurde gestohlen.

pooliisine [police] **vilikkuu.**
Polizei[4] rufen-höfl.!
Rufen Sie die Polizei!

Dringende Hilferufe

സൂക്ഷിക്കുക
suukshikkuka!
Pass auf!/Passen Sie auf!

ശ്രദ്ധിക്കുക
sraddhikkuka!
Achtung!

എനിക്ക് സഹായം വേണം.
enikkŭ sahaayam veenam.
Ich brauche Hilfe.

രക്ഷിക്കണെ
rakshikkane!
Hilfe!

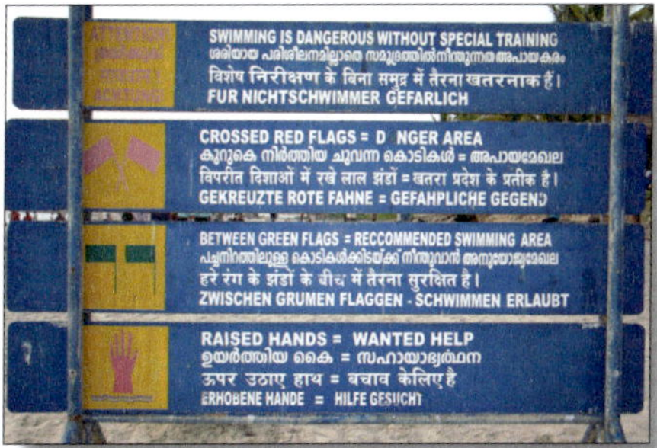

Literaturhinweise

Die hier genannten Bücher/Schriften sind nicht über den Reise Know-How Verlag erhältlich.

Im Internet-Zeitalter wird es zunehmend einfacher, auch von Deutschland aus an hilfreiche Lernmaterialien aus Indien heranzukommen, die sonst nur schwer aufzutreiben sind. Außerdem lohnt sich das Stöbern in Indologie-Bibliotheken und natürlich in Buchhandlungen in Kerala.

Wörterbücher

Das „Deutsch-Malayalam Wörterbuch" von V. C. Chacko (Dept. of German, University of Kerala, Trivandrum 1972) ist wahrscheinlich vergriffen, sollte aber in einigen Indologie-Instituten verfügbar sein. Englisch-Malayalam/Malayalam-Englisch-Wörterbücher sind in Kerala in verschiedenen Größenordnungen erhältlich. Auch auf CD gibt es bereits ein Malayalam „Dictionary/**padaa**<u>**r**</u>**thham**" (Hrsg. Malayala Manorama, Kottayam).

Lehrbücher/CDs

Ein Klassiker ist sicher „Learn Malayalam in 30 Days". Dieses kleine Büchlein wird immer wieder neu aufgelegt. Umfassender, aber wahrscheinlich schwieriger aufzutreiben ist „Basic Malayalam", hrsg. vom World Malayalee Council, Trivandrum, 1996. Für die Kinder im Ausland lebender Malayalis gibt es Lernprogramme auf CD, die die Grundlagen der Schrift, die Aussprache und einfache Vokabeln vermitteln, so zum Beispiel, „**Vidyaarambham**" oder „**Mo**<u>**tt**</u>**uvinte lookam**". Durchaus sehr hilfreich, wenn Sie die Schrift erlernen wollen. Als interaktives Lernprogramm mit Grundwortschatz gibt es „Lernen Sie Malayalam" aus der Reihe „EuroTalk interactive".

Grammatik

Die erste Malayalam-Grammatik stammte von dem Deutschen Hermann Gundert. Gunderts „A Grammar of the Malayalam Language – **Malayaaḻam bhaasha vyaakaraṉam**" (Asian Educational Services, New Delhi/Madras, 1991) ist allerdings hauptsächlich in Malayalam geschrieben. Hilfreicher ist „A Grammar of the Malayalam Language in Historical Treatment" von Michail S. Adronov (Harrassowitz Verlag, Wiesbaden, 1996).

Belletristik

Viele Romane und Kurzgeschichten keralesischer Schriftstellerinnen und Schriftsteller gibt es in Kerala in englischer Übersetzung, meist als Taschenbücher. Oft finden Sie darin Malayalam-Vokabular im Glossar erklärt. Auf Deutsch gibt es bereits „Bhaskara Pattelar und andere Geschichten" von Paul Zacharia (Horlemann-Verlag, Unkel, 2004) und „Die Legenden von Khasak" von O. V. Vijayan (Insel Verlag, Frankfurt, 2004).

Zeitschriften

Wichtige Zeitungen und Zeitschriften in Kerala haben wir auf S. 96-97 genannt. Viele davon finden Sie auch in Auszügen im Internet. In Deutschland berichtet die Zeitschrift „Meine Welt" als Zeitschrift des deutsch-indischen Dialogs häufig über Themen mit Kerala-Bezug (Hrsg. Caritas, Köln). „Meine Welt" entstand 1984 als Pendant zur in Deutschland in Malayalam herausgegebenen Zeitschrift **Ente lookam**, die eine eigene Redaktion hat. Die Zeitschrift „Südasien" (Hrsg. Südasienbüro, Bonn) legt den Schwerpunkt auf politische und entwicklungspolitische Themen zur Region Südasien.

Internet

Eine ganze Reihe interessanter Websites findet man am besten über gute Suchmaschinen.

Die Internet-Seite **www.kerala.com** bietet diverse Links, zum Beispiel Links zu den Tageszeitungen.

Sehr hilfreich ist das als Freeware herunterladbare Transliterationsprogramm **Varamozhi** (Transliteration Based Malayalam Text Editor), das lateinische Schrift in Malayalam-Schrift umwandelt und umgekehrt.

sound trip®
Neu bei
Reise Know-How
Reise Know-How
978-3-8317-5114-3
978-3-8317-5102-0
978-3-8317-5118-1
978-3-8317-5120-4
978-3-8317-5117-4
978-3-8317-5113-6
978-3-8317-5105-1
978-3-8317-5104-4
978-3-8317-5107-5
978-3-8317-5110-5
Die Compilations der CD-Reihe sound))trip stellen die typische Musik eines Landes oder einer Region vor.
Die mit zehn Veröffentlichungen startende Reihe ist der Beginn einer einzigartigen Sammlung, einer Weltenzyklopädie aktueller Musik.
Jedes Jahr sollen unter dem Musik-Label sound))trip mindestens zehn CDs hinzukommen.
Seit März 2008
im Buchhandel erhältlich
Jede Audio-CD
ca. 50–60 Min. Spieldauer
22-seitiges Booklet
Unverbindl. Preisempf.:
15,90 € [D]
in cooperation with:
((piranha))
Kostenlose Hörprobe im Internet unter:
www.reise-know-how.de

Wörterliste Deutsch – Malayalam

Kathakali-Tänzer

Die meisten Hauptwörter (Substantive) sind sächlich. Männliche (m) und weibliche (w) sind gekennzeichnet. Die Mehrzahl (Plural) wird in der Regel mit **-kal** *bzw.* **-gal** *gebildet (s. S. 22). Hier sind nur davon abweichende Mehrzahl-Endungen angegeben. Verben können ein- oder zweistämmig sein (s. S. 34). Zweistämmige Verben sind mit (II) gekennzeichnet. Typische Eigenschaftswort- (Adjektiv-)Endungen sind* **-a** *und* **-ulla** *(s. S. 29/30). Umstandswörter (Adverbien) (adv) und Eigenschaftswörter (Adjektive) (adj) sind nur bei Verwechslungsgefahr gekennzeichnet.*

A

Abend vaikunneeram
Abendessen atthaazham
aber enkilum
abfahren, abfliegen purappetuka
abkochen; abgekocht thilappikkuka (II); thilappiccha
abschleppen kettivalicchu kontupookuka (II)
Adresse vilaasam
Alkohol (Schnaps) madyam
allein thanicchŭ
alles ellaam
als (Vergleich) -kkaal, -kkaalum
als (zeitl.) appool, akkaalatthŭ
alt (nicht jung) vayassaaya
alt (nicht neu) pazhaya
Alte(r) vayassan (m), vayassi (w)
Alter (Lebens-) praayam, vayassŭ
Ameise urumpŭ
Andenken (Erinnerung) oorma
anfangen thutanguka
Angestellte(r) udyoogasthhan (m), udyoogasthha (w)
Angst bhayam
anhalten nirtthuka
ankommen varika, etthuka
Ankunft varavŭ, etthal
Antwort marupati
antworten marupati parayuka
Apotheke marunnukata
arbeiten jooli cheyyuka
Arbeiter(in) joolikkaaran (m)/joolikkaari (w)
arm daridranaaya
Armut daridryam
auch -um, -kuuti
auf -meel, -il
Aufenthalt thaamasam
aufhören nirtthuka
aufstehen (morgens) ezhunneelkkuka (II)
aufwachen unaruka
aus -il ninnŭ
Ausfuhr (Export) kayatumathi
Ausgang purattheekkulla vazhi
ausgezeichnet visishtamaaya (adj), visishtamaayi (adv)
Auskunft vivaram
Ausland videesam
Ausländer(in) videesi (m/w)
ausländisch (Personen) videesiyaaya
ausländisch (Sachen) videesatthŭ ninnulla
Aussprache ucchaaranam
aussteigen puratthiranguka
Ausstellung pradarsanam
austauschen vinimayam cheyyuka

Wörterliste Deutsch – Malayalam

Ausweis aidantiti kaardŭ
ausziehen (Kleidung) uuruka
Auto kaarŭ
Autowerkstatt varkkshooppŭ

B

Badeanzug niinthalkuppaayam
Badehose niinthaanulla paants
baden (im Fluss/Meer o. ä.) niinthikkulikkuka
Badezimmer kulimuri
Bahnhof thiivanti steeshan
Bahnsteig reyilve plaatphooram
bald veegam, utane
Bank (Geld) bankŭ
Batterie baateri
bauen paniyuka
Baum maram
beenden avasaanippikkuka (II)
begleiten kuute pookuka (II)
begrüßen abhivaadanam cheyyuka
behandeln (Krankh.) susruushikkuka (II)
Behörde adhikrŭthar
bei arikil, samiipam
Beispiel udaaharanam
beleidigen apamaanikkuka (II)
benachrichtigen vivaram ariyikkuka (II)
Benzin petrool
Berg mala
Beruf jooli
berühmt prasasthamaaya
Beschwerde paraathi
beschweren, sich paraathi parayuka, paraathi cheyyuka
besichtigen sandarsikkuka (II)
Besitzer(in) utamasthhan (m), utamasthha (w)
besser bheethappetta, mecchappetta
bestellen oordar cheyyuka
Bestellung oordar
bestrafen sikshikkuka (II)
Besuch sandarsanam
besuchen sandarsikkuka (II)
betrügen chathikkuka (II)
betrunken kuticchu velivillaathaaya
bevor -athinŭ munpŭ
Beweis thelivŭ
bezahlen panam kotukkuka (II), vila kotukkuka (II)
Bild chithram
billig vilakkuravulla
bis vare, -athuvare
bisschen kuracchŭ
bitten apeekshikkuka (II)
Blatt ila
bleiben, sich aufhalten thaamasikkuka (II)
Bleistift pensil
Blume puuvŭ
Boot vañchi, boottŭ
Botschaft (dipl.) embassi
Brand thiipituttham
Brauch aachaaram
brauchen aavasyamuntaakuka (II), veentivarika
Braut vadhu
Bräutigam varan
breit viithiyulla (adj)
brennen katthuka
Brief katthŭ, ezhutthŭ
Briefmarke staampŭ
Briefumschlag lakkoottŭ, kavar
Brille kannata
bringen kontuvarika
Brot bredŭ
Brücke paalam
Brust (weibl.) mula
Buch pusthakam
buchen bukkŭ cheyyuka
Buchstabe aksharam
bunt naanaavidhamaaya, pala niramulla
Bürger (Staats-) pauran
Büro aappiisŭ
Bus basŭ

C

Chauffeur draivar
Chef thalavan
da avite

D

Dach meelkuura
damit -nuveenti
danach athinŭ seesham

danke nanni, valare upakaaram
danken nanni parayuka
dann appool
darum athukontŭ
dass ennŭ, enningane
Datum thiiyathi
dauern thutaruka, niintunilkkuka (II)
denken aaloochikkuka (II), chinthikkuka (II)
Denkmal smaarakam
deshalb athukontŭ
deutsch jarman
Deutsche(r) jarmankaaran (m), jarmankaari (w)
Deutschland jarmani
Dialekt deesyabhaasha
dick kanattha (adj), thaticcha (adj)
Diebstahl kalavŭ
dies ii, ithŭ
diese(r, -s) iva, ii, ithŭ
Ding vasthu(-kkal)
Dokument reekha
Dolmetscher(in) tharjjama cheyyunnavan (m), tharjjama cheyyunnaval (w)
Dorf graamam
dort avite
dorthin angoottŭ
dringend pettennŭ
dumm muudhamaaya, viddhitthamaaya
dunkel irunta, mangiya
dünn meliñña (adj)
durch (hindurch) -ilkkuuti, mukheena, muulam
dürfen anuvadikkappetuka
Durst daaham
Durst haben daahikkuka (II)

E

echt sudhhamaaya, sathyamaaya
Ehepaar dampathimaar
Ei mutta
Eigentum svatthŭ, muthal
Eile dhrŭthi
einander parasparam, anyoonyam
Einbruch bhavanabeedanam
einfach lalithamaaya
Einfuhr (Import) irakkumathi
Eingang praveesana-maarggam
einige kuracchŭ, kure
einladen kshanikkuka (II)
Einladung kshananam
einmal orikkal
einsteigen akattheekkŭ kayaruka
eintreten (geschehen) sambhavikkuka (II)
eintreten (hereinkommen) praveesikkuka (II)
einverstanden sammathicchu
Einwohner (Mz) thaamasakkaar
Eisenbahn treyin, thiivanti
Eiter chalam
Eltern maathaapithaakkal
empfangen sviikarikkuka (II)
empfehlen supaarsa cheyyuka
Ende avasaanam
eng itukkamulla (adj)
englisch ingliish
Ente tharaavŭ
entscheiden thiirumaanikkuka (II)
entschuldigen, sich maappŭ choodikkuka (II), kshama parayuka
Erde bhuumi
Ereignis sambhavam
Erfolg vijayam
erhalten kittuka, labhikkuka (II)
erholen, sich visramikkuka (II)
erinnern, sich oormmikkuka (II)
erkältet sein jaladoosham pitikkuka (II)
erklären (erläutern) visadiikarikkuka (II)
erlauben anuvadikkuka (II)
Erlaubnis anuvaadam
Ermäßigung (Rabatt) kuravŭ
Ersatzteil speyar paarttŭ
erzählen parayuka, vivarikkuka (II)
essen bhakshanam kazhikkuka (II), aahaaram kazhikkuka (II)
Etage nila
etwa eekadeesam
etwas enthenkilum, vallathum

F

Fabrik phaakṭaṛi
Faden nuulŭ
fahren pookuka (II),
  vanṭi ooṭikkuka (II)
Fahrkarte ṭikkaṭŭ
Fahrplan
  samayavivarappaṭṭika
Fahrpreis yaathṛakkuuli
Fahrrad saikkiḷ
Fahrzeug vanṭi, vaahanam
falsch thetaaya (adj)
Familie kuṭumbam
Familienname viiṭṭupeerŭ,
  kuṭumbappeerŭ
Farbe niṛam
Farbfilm kaḷaṛ philim
faul (Obst) chiiñña (adj)
faul (träge) maṭiyuḷḷa
Fehler thetŭ
Feier aaghoosham,
  uthsavam
feiern aaghooshikkuka (II),
  konṭaaṭuka
feilschen vilapeeṣuka
Feld vayal, veḷipradeeṣam
Fenster janavaathil
Ferien avadhikkaalam,
  ozhivukaalam
fern akale (adv), akaleyuḷḷa
  (adj), duure (adv),
  duurathaaya (adj)
fertig thayyaaṛaaya,
  puuṛtthiyaaya
fest iḷakaattha (adj),
  uṛappiccha (adj)

Fest perunnaaḷ (christl.),
  uthsavam (hind.)
feucht nanavuḷḷa
Feuer thiiyŭ
finden kanṭupiṭikkuka (II)
Finger viral
Fisch miin
Flasche kuppi
fleißig prayatnaṣiilamuḷḷa
fliegen paṛakkuka (II)
flirten śṛṅgarikkuka (II)
Flughafen
  vimaanatthaavaḷam
Flugticket pleyin ṭikkeṭŭ
Flugzeug vimaanam
Fluss puzha, nadi
Folklore naṭooṭikkalakaḷ
Formular phooṛam
Foto phooṭṭo
Fotoapparat kyaamaṛa
fotografieren phooṭṭo
  eṭukkuka (II)
Frage choodyam
fragen choodikkuka (II)
Frau sthṛii
Fräulein kumaari
frei svathanthramaaya
fremd aparichithamaaya
Fremde(r) aparichitha (w),
  aparichithan (m)
Fremdwährung
  videeṣanaaṇyam
Freude santhoosham
freuen, sich
  santhooshikkuka (II)
Freund(in) sneehithan (m),
  sneehitha (w)
freundlich sneehamuḷḷa (adj)

Freundschaft sauhṛŭdam
Frieden samaadhaanam
frieren thanutthŭ
  maravikkuka (II)
frisch (Obst) puthiya (adj)
fröhlich santhooshamuḷḷa
  (adj)
Frucht pazham
früh neeratthe (adv),
  neerattheyuḷḷa (adj)
Frühstück praathal
frühstücken praathal
  kazhikkuka (II)
fühlen, sich thoonnuka
für veenṭi
fürchten, sich (vor)
  bhayappeṭuka

G

ganz muzhuvan, ellaam (adv)
Garten udyaanam
Gas vaathakam
Gast athithhi
Gastfreundschaft
  athithhisathkaarapṛiyam
Gastgeber aathithheeyan
Gebäude keṭṭiṭam
geben koṭukkuka (II), nalkuka
Gebühr phiisŭ
Geburtstag janmadinam,
  piṛannaaḷ (U)
Gecko palli
gefährlich
  apakaṭakaramaaya
gefallen ishṭappeṭuka
Gefängnis kaaraagṛŭham,
  jayil(-ukaḷ)

Gefäß paathram
Gefühl vikaaram, bhaavam
gegen ethire
Gegend pradeesam, sthhalam
gegenüber ethiraayi
Gehalt sambalam
gehen (weggehen) pookuka
gehen (zu Fuß gehen) natakkuka (II)
Geld panam
Gemüse pacchakkari
gemütlich sukhasaukaryamulla
genau suukshmamaaya
genug mathi, mathiyaavoolam
Gepäck laggeejŭ
geradeaus neere
gern santhooshatthoote (adv)
Geschäft (Handel) vyaapaaram
Geschäft (Laden) kata
Geschenk sammaanam
Geschichte (Erzählung) kathha
Geschichte (Historie) charitram
Gesellschaft samudaayam
Gesetz niyamam
Gespräch sambhaashanam
gestern innale
gesund aaroogyamulla
Gesundheit aaroogyam
Getränk paaniiyam
Gewicht bhaaram, thuukkam
Gewitter itiyum minnalum
gewöhnen, sich (an) ramyappetuka
Gewürz masaala
Gift visham
Giftschlange vishappaampŭ
Glas (Material) spatikam
Glas (Trink-) glaasŭ
glauben, jmdm. visvasikkuka (II)
Glück santhoosham, bhaagyam
glücklich santhooshamulla (adj)
Gold svarnam
Gott daivam, iisvaran(-maar)
Grammatik vyaakaranam
Gras pullŭ
gratulieren anumoodikkuka (II)
Grenze athirtthi
groß valiya (adj)
Größe (Kleidung u.ä.) valuppam
Gruppe kuuttam
Gruß abhivaadanam
grüßen abhivaadanam cheyyuka
gültig saadhuthayulla
gut nalla (adj), nannaayi (adv)

H

haben; nicht haben untaavuka; illaathaavuka
Hafen thuramukham
Hälfte pakuthi
halten nirtthuka
Haltestelle nirtthunna sthhalam
Handel kacchavatam
hart katuppamulla
Haus viitŭ
Hausfrau viittamma(-maar)
heben pokkuka
Heftpflaster ottuplaastar
heiß chuutulla
helfen sahaayikkuka (II)
hell prakaasamulla
herzlich haarddamaaya
heute innŭ
hier ivite
Hilfe sahaayam
hinten purakil
hinter pinbhaagatthŭ
hoch uyaramulla
Hochzeit kalyaanam, vivaaham
hoffen aasikkuka (II)
höflich maryaadayulla
Holz maram
hören keelkkuka (II)
Hotel hoottal(-ukal)
Hund naaya, patti
Hunger visappŭ
hungrig visappulla (adj)
Hygiene aarogyasaasthram

I

immer eppoozhum
impfen kutthivakkuka (II)
in (örtlich) -il, -tthŭ
in (zeitlich) -il, -kkŭ
Inder(in) inthyakkaaran (m), inthyakkaari (w)

indisch inthyan
Industrie vyavasaayam
Information vivaram
Insekt kiitajiivi
Insel dviipŭ
interessant rasakaramaaya
interessieren, sich (für) thalparyappetuka
international antharddeesiiyamaaya

J

ja / ja, okay / ja, es gibt / ja, es ist so uvvŭ / sari / untŭ / athe
Jahr varsham
Jahreszeit kaalam
jährlich varshamthoorum (adv)
jeder ooroorutttharum
jedesmal ooroo pravisyavum
jemand aaroo oraal
jene (zeitl.) munpatthe
jene(r) (räuml.) athŭ
jetzt ippool
jung cheruppam (adv)
Junge baalan(-maar)

K

Kakerlake paata
kalt thanuppulla
kaputt poliñña (adj), utañña (adj)
Kasse panam kotukkunna kauntar
Katze puuccha
kaufen vaanguka
kennen ariyuka
Kind kutti, sisu(-kkal)
Kino (Gebäude) sinima thiyyatar
Kinofilm sinima
Kirche palli
Kirmes perunnaal
Kleidung vasthram
klein cheriya (adj)
Kleingeld chillara
klug mitukkulla
kochen paachakam cheyyuka
Koffer petti
kommen varika
kompliziert sankiirnamaaya
können kazhiyuka
kontrollieren niyanthrikkuka (II), parisoodhikkuka (II)
Konzert paattukaccheeri
kosten (probieren) ruchikkuka (II)
kostenlos saujanyamaayi (adv)
Krähe kaakka
krank roogamulla
Krankenhaus aasupathri
Krankheit roogam
Kuh pasu
kühl thanuppulla
Kühlschrank phridjŭ
Kunst kala
kunstgewerbl. Waren karakausalavasthukkal
kurz cheriya (adj)
küssen chumbikkuka (II)

L

lächeln puñchirikkuka (II)
lachen chirikkuka (II)
lachen (über etw.) parihasicchu chirikkuka (II)
Lage (geogr.) sthhithi
Laken virippŭ
Lampe vilakkŭ
Land kara, naattinpuram
Landkarte bhuupatam
Landschaft prakrŭthidrŭsyam
Landwirtschaft krŭshi
lang (Entfernung) niilamulla
lang(e) (Zeit) diirghamaaya (adj), valare (adv)
langsam saavadhaanam (adv)
langweilig mushippanaaya
laut urakke (adv)
leben jiivikkuka (II)
Leben jiivitham
Lebensmittel (Mz) aahaaravasthukkal (Mz)
ledig vivaaham kazhikkaattha
leer ozhiñña (adj)
legen vaykkuka (II)
leicht (nicht schwer) bhaaram kurañña (adj)
leihen (jmdm. etw.) vaaypa nalkuka
leihen, sich (von) vaaypa vaanguka
lernen pathikkuka (II)
lesen vaayikkuka (II)
Leute janangal

Licht veliccham
lieben sneehikkuka (II), preemikkuka (II)
Lied gaanam
liegen kitakkuka (II)
links itatthŭ
Loch dvaaram
Lohn kuuli, veethanam
lügen kallam parayuka
lustig ullaasamaaya

M

machen cheyyuka
Mädchen penkutti
Malayali malayaali (m/w)
malen chithram rachikkuka (II)
man oruvan, aaro
manchmal chilappool (adv)
Mann purushan(-maar)
Markt chantha
Matratze kitakka
Medikament marunnŭ
mehr kurekkuuti (adv)
Menge, Quantität alavŭ
Mensch manushyan(-maar)
merken, sich sraddhikkuka (II)
mieten (anmieten) vaatakakkŭ etukkuka (II)
Minute nimisham
mit kuute
Mittag uccha
Mittagessen ucchabhakshanam
Mode parishkaaram
möglich saaddhyamaaya
Monat maasam
morgen naale
Morgen prabhaatham
morgens raavile
Moskito kothukŭ
Motor eñchin
Motorrad mottoor saikkil(-ukal)
müde kshiiniccha (adj)
Müll chavarŭ
Museum kaazhchabanglaavŭ
Musik sangiitham
müssen cheyyanam, cheythe thiiru

N

nach (Richtung) -leekku, -oottŭ
nach (Zeit) kazhiññŭ
Nachmittag ucchathiriñña samayam
Nachricht vaarttha
nächstes Mal atuttha thavana
Nacht raathri
nackt nagnamaaya
Nadel suuchi
nah atutthŭ
Name peerŭ
nass nanañña (adj)
Nationalität paurathvam
Natur prakrŭthi
natürlich (nicht künstl.) svaabhaavikamaaya
neben arikil
nehmen etukkuka (II)
nein: nein, es gibt nicht / nein, so ist es nicht illa / alla
neu puthiya (adj)
neugierig jijññaasayulla (adj)
nicht: es gibt nicht / so ist es nicht illa / alla
nichts onnumilla
niedrig thaazhnna (adj)
niemals orikkalum
niemand aarum
nirgendwo/-hin oritatthum
noch iniyum
noch einmal orikkalkuuti
Norden vatakkŭ
nördlich vatakke
normal saadhaaranagathiyilulla
notwendig aavasyamaaya
Nummer ennam
nur maathram

O

ob rantilonnŭ
oben mukalil
oder allenkil
öffnen thurakkuka (II)
oft palappoozhum
ohne illaathe
Öl enna
organisieren sanghatippikkuka (II)
Ort sthhalam
Osten kizhakkŭ
Österreich aasthriya
Österreicher(in) aasthriyakkaaran (m), aasthriyakkaari (w)
östlich kizhakke

Wörterliste Deutsch – Malayalam

P

paar kure
Paar ina, jooti
Päckchen, Paket paarsal, peekkat
Palast kottaaram
Panne breekkŭ daun
Papier katalaassŭ
Park udyaanam
parken paarkkŭ cheyyuka
Pass paaspoorttŭ
Patient roogi
Pause itaveela
Person vyakthi
Pflanze cheti
Plan paripaati
Platz sthhalam
Platzkarte risarvŭ cheytha tikkatŭ
plötzlich pettennŭ (adv)
Politik raashtriiyam
Polizei pooliisŭ
Post(amt) poostoophiisŭ
Preis vila
privat svakaaryamaaya
Problem prasnam
Programm paripaati
Prospekt laghupathrika
Provision (Verkaufs-) kammiishan
pünktlich krŭthyasamayatthŭ (adv)

Q

Qualität gunam
Quittung billŭ

R

Rat upadeesam
rauchen pukavalikkuka (II)
Raum muri
rechnen kanakkŭ kuuttuka
Rechnung billŭ
Recht (auf) avakaasam
rechts valatthŭ
reden samsaarikkuka (II)
Regen mazha
Regenschirm kuta
registrieren rajistar cheyyuka
reich dhanamulla
reif (Obst) pazhuttha (adj)
Reifen tayar
Reise yaathra
Reisebüro tuurist eejansi
reisen yaathra cheyyuka
rennen ootuka
reparieren nannaakkuka
reservieren riservŭ cheyyuka
Restaurant bhoojanasaala, hoottal
Rettungswagen aambulansŭ
richtig sariyaaya
Richtung dikkŭ
roh pacchayaaya
Rückfahrt matakkayaathra
Rucksack beekkŭpaakkŭ
rückständig pinnookkamaaya
rufen, schreien vilikkuka (II), nilavilikkuka (II)
Ruhe visramam

S

Sache vasthu(-kkal)
sagen parayuka
Salbe leepanavasthu
Salz uppŭ
sammeln seekharikkuka (II)
Sand manal
satt thrŭpthiyaaya
Satz (Grammatik) vaakyam
sauber vrŭtthiyaaya
sauber machen vrŭtthiyaakkuka
sauer puliyulla
scharf (nicht stumpf) muurcchayulla
Scheck chekkŭ
Schere kathrika
schicken, senden ayakkuka (II)
schießen veti veykkuka (II)
Schiff kappal(-ukal)
schlafen uranguka
Schlafsack sliippingbeegŭ
Schlafzimmer kitappara
schlagen atikkuka (II)
schlecht chiittha (adj), moosamaaya
Schlüssel thaakkool
schmackhaft svaadulla
schmal itungiya (adj)
Schmerz veedana
schmerzen veedanikkuka (II)
Schmiergeld kaimatakkŭ
Schmuck aabharanam
schmutzig azhukkaaya
schnell veegamulla, veegathayulla, veegam (adv)

schon munpeethanne
schön sundaramaaya
schreiben ezhuthuka
Schuh shuusŭ
schuldig kutakkaaranaaya
Schule pallikkuutam
Schüler(in) skuulvidyaartthhi (m), skuulvidyaartthhini (w)
Schüssel paathram
schwanger garbhamulla
Schweiz svitsarlantŭ
Schweizer(in) svitsarlantukaaran (m), svitsarlantukaari (w)
schwer (nicht leicht) bhaaramulla
schwierig (nicht einfach) prayaasamulla
schwimmen niinthuka
schwitzen viyarkkuka (II)
See thataakam
sehen kaanuka
Sehenswürdigkeiten kaazhchavasthukkal
Seide pattŭ
Seil kayarŭ
sein aayirikkuka (II)
seit athinuseesham
Seite (Richtung) vasam
Sekunde sekkantŭ
selbst thannetthaan, svayam
Selbstmord aathmahathya
selten apuurvamaaya
setzen, sich irikkuka (II)
sicher thiircchayaaya, bhadramaaya
Silber velli
singen paatuka
sitzen irikkuka (II)
sitzen, passen (Kleidung) paakamaakuka (II)
so angine, aprakaaram
sofort utane
solch(e,er,es) athupoolulla (adj), athupoolullaval (w), athupoolullavan (m), athupoolullathŭ (s)
sollen cheyyeentiyirikkuka (II)
Sonne suuryan
sparen miccham veykkuka (II)
spät thaamasiccha (adj)
spazieren gehen natakkaan pookuka (II)
Speise aahaaram
Speisekarte menu kaardŭ
spielen kalikkuka (II)
Spielzeug kalippattangal
Spinne ettŭkaali
Sport kaayikavinoodam
Sprache bhaasha
sprechen samsaarikkuka (II)
Spritze kutthivekkal
Staatsangehörigkeit paurathvam
Stadt nagaram, pattanam
Stadtplan nagaratthinte meeppŭ
stark sakthamaaya
stehen nilkkuka (II)
Stein kallŭ
Stelle, Ort sthhaanam, sthhalam
stellen vaykkuka (II)
sterben marikkuka (II)
Stern nakshathram
Stil (Architekt.) saili
Stimme svaram
Stoff (Textil) thuni
stören salyappetutthuka
Strafe siksha
Strand katalthiiram
Straße roodŭ, theruviithhi
Streichholz thiippettikkool (-ukal)
streiten tharkkikkuka (II)
Stück kashanam
Student(in) vidhyaartthhi (m),vidyaartthhini (w)
Stunde manikkuur(-ukal)
suchen anveeshikkuka (II)
Süden thekkŭ
südlich thekke
Summe aaketthuka
Suppe suuppŭ
süß madhuramulla

T

Tabak pukayila
Tablette thaalam
Tag divasam
täglich divaseenayulla
Tal thaazhvara
Tankstelle petrool pampŭ
tanzen nrŭttham cheyyuka
Tasche, Tüte sañchi
Telefon teliphoon(-ukal)
telefonieren teliphoon cheyyuka
teuer vilakkuututhalulla
Theater naatakaveedi
tief aazhamulla

Tier mrŭgam
Tod maranam
tot mariccha
töten kolluka
Tradition paaramparyam
tragen chumakkuka (II)
traurig vishaadamulla
treffen (begegnen) kantumuttuka
Treppe koonippati
trinken kutikkuka (II)
Trinkgeld tippŭ
trocken unangiya (adj)
tschüss pinnekkaanaam
tun cheyyuka
Tür vaathil
Turm goopuram

U

üben abhyasikkuka (II)
über (örtl.) mukalil
über (zeitl.) meel, upari
überall ellayitatthum (adv)
übermorgen mattannaal (adv)
übersetzen (Sprache) vivarthanam cheyyuka
Übersetzer(in) vivartthakan (m), vivartthaka (w)
überweisen panam ayakkuka (II)
übrig bhakkiyulla
Uhr ghatikaaram
um (ca.) eekadeesam
um (herum) chutum
um zu athinuveenti
Umgebung parisaram
Umleitung thiricchu vitunna vazhi
umtauschen pakaram kotukkuka (II)
Umweg valañña vazhi
Umwelt parisaram
unbekannt ajññaathamaaya
und -um, kuute
Unfall apakatam
Universität sarvvakalaasaala
unschuldig niraparaadhamaaya
unten thaazhe
unter kuuttatthil
Unterhaltung vinoodam
Unterhaltung (Gespräch) sambhaashanam
Unterkunft thaamasasthhalam
unterrichten (lehren) pathippikkuka (II)
unterschreiben oppituka
Urlaub avadhikkaalam

V

Verabredung kuutik-kaazhcha niscchayikkal
verabschieden, sich yaathra parañña piriyuka
verbieten niroodhikkuka (II)
Verbrechen kutakrŭthyam
verdienen sampaadikkuka (II)
vergessen marakkuka (II)
vergnügen, sich rasikkuka (II)
verheiratet vivaaham kazhiccha
verirren, sich vazhi theetuka
verkaufen vilkkuka (II)
verleihen (an) vaaypayaayi nalkuka
verletzt muriveetu
Verletzung murivu
verlieben, sich pranayatthilaakuka (II)
verlieren (Dinge) nashtappetuka
vermieten vaatakakkŭ kotukkuka (II)
Vermittlung maaddhyasthham
Versicherung inshvaransŭ
verspäten, sich thaamasikkuka (II)
versprechen, sich thetaayi samsaarikkuka (II)
verstehen manassilaakkuka
versuchen sramikkuka (II)
viel valare
vielleicht oru pakshe
Vogel pakshi
Volk janam
voll nirañña (adj), puurnamaaya
von -ilninnŭ, -nte
vor munpŭ
vorbereiten thayyaaraakkuka
vorgestern miniññaannŭ
vorher munkuutti
Vormittag ucchakkŭ munpŭ

Vorname svantham peerŭ
vorne munvasatthŭ (adv)
vorschlagen nirddeesikkuka (II)
vorstellen (Imagination) sankalpikkuka (II)
vorstellen, jmdn. parichayappetutthuka
vorstellen, sich svayam parichayappetutthuka
Vorwahlnummer koodŭ nambar

W

Wagen vanti
wahr sathyamaaya
während aa samayatthŭ
Wald kaatŭ, vanam
Wand chuvarŭ
wandern alaññuthiriyuka
wann eppool
Ware charakkŭ
warm chuutulla
warten kaatthirikkuka (II)
warum enthukontŭ
was enthŭ
waschen (Wäsche) alakkuka
waschen, abwaschen kazhukuka
waschen, sich svayam kazhukuka
Wasser vellam
Watte paññi
Wechselgeld chillara
wechseln (Geld) maatuka
wecken unartthuka
Weg vazhi
wegen athu kaaranam
weiblich sthriisambhandhamaaya
weil athukontŭ
weinen karayuka
weisse(r) Ausländer(in) vellakaari (w), vellakaaran (m)
weit duureyulla
welcher aarŭ
wenig kuracchŭ (adj)
wenn (als) appool
wenn (falls) enkil
wer aarŭ
werden aakuka (II)
wessen aarute
Westen paschaathyadeesam
Westler paschaathyan
westlich patiññaare
Wetter kaalaavasthha
wichtig pradhaanamaaya
wie engine
wie viel ethra
wieder viintum
wiederholen aavartthikkuka (II)
Wind kaatŭ
Wissen arivŭ
wissen ariyuka
wo evite
Woche aazhcha
woher eviteninnŭ
wohin eviteekkŭ
wohnen paarkkuka (II)
Wohnung paarppitam
wollen aavasyappetuka
Wort vaakkŭ
Wörterbuch nighantu
Wunde murivŭ
wünschen aagrahikkuka (II)

Z

zahlen panam kotukkuka (II), billŭ tharika
Zahnarzt danthavaidyan (m/w)
zeigen kaanikkuka (II)
Zeit samayam
Zeitung pathram
Zentrum maddhyam
Zigarette sigarattŭ
Zimmer muri
Zoll chunkam
zu (+adj) valare, thiire
zu Fuß kaalnatayaayi
zu viel valareyadhikam
zufrieden samthrŭpthamaaya
Zug (Prozession) ghooshayaathra
zurück purakoottu
zusammen orumicchŭ
Zutritt praveesanam
zwischen itaykkŭ, thammil

Wörterliste Malayalam – Deutsch

Die hier angegebenen Malayalam-Wörter sind zur besseren Auffindbarkeit nach dem lateinischen Alphabet sortiert.

A

aa samayatthŭ während
aabharanam Schmuck
aachaaram Brauch, Sitte
aaghoosham Feier
aaghooshikkuka (II) feiern
aagrahikkuka (II) wünschen, wollen
aahaaram Speise
aahaaravasthukkal (Mz) Lebensmittel (Mz)
aaketthuka Summe
aakuka (II) werden
aaloochikkuka (II) denken
aaro man
aarogyasaasthram Hygiene
aaroo oraal jemand
aaroogyam Gesundheit
aaroogyamulla gesund
aarŭ wer, welcher
aarum niemand
aarute wessen
aasikkuka (II) hoffen
aasthriyakkaaran (m), aasthriyakkaari (w) Österreicher(in)
aasupathri Krankenhaus
aathithheeyan Gastgeber
aathmahathya Selbstmord
aavartthikkuka (II) wiederholen
aavasyamaaya notwendig
aavasyamuntaakuka (II) brauchen
aavasyappetuka wollen
aayirikkuka (II) sein
aazhamulla tief
aazhcha Woche
abhivaadanam Gruß
abhyasikkuka (II) üben
acchhan Vater
adhikrŭthar Behörde
aidantiti kaardŭ Ausweis
ajññaathamaaya unbekannt
akale (adv) fern
akaleyulla (adj) fern
akattheekkŭ kayaruka einsteigen
akkaalatthŭ als (zeitl.)
aksharam Buchstabe
alakkuka waschen
alaññuthiriyuka wandern
alavŭ Menge, Quantität
alla nein, so ist es nicht
allenkil oder
amma(-maar) Mutter
angine so
angoottŭ dorthin
antharddeesiiyam international
anumoodikkuka (II) gratulieren
anuvaadam Erlaubnis
anuvadikkappetuka dürfen
anuvadikkuka (II) erlauben
anveeshikkuka (II) suchen
anyamaaya fremd
anyoonyam einander
apakatakaramaaya gefährlich
apakatam Unfall
apamaanikkuka (II) beleidigen
aparichitha (w), aparichithan (m) Fremde(r)
aparichithamaaya fremd
apeekshikkuka (II) bitten
appool als (zeitl.), dann, wenn (als)
aprakaaram so
apuurvamaaya selten
arikil bei, neben
arivŭ Wissen
ariyuka kennen, wissen
athe ja, es ist so
athinte (Sachen) sein/e
athinŭ seesham danach
athinuseesham seit
athinuveenti um zu ...
athirtthi Grenze
athithhi Gast
athithhisathkaarapriyam Gastfreundschaft
athŭ jener
athu kaaranam wegen
athukontŭ darum, deshalb, weil
athupoolulla (adj) solch(e,er,es)
atikkuka (II) schlagen

atthaazham Abendessen

aṯuttha thavaṉa nächstes Mal

aṯutthü nah

avadhikkaalam Urlaub, Ferien

avakaaśam Recht (auf)

avasaanam Ende

avasaanippikkuka (II) beenden

aviṯe da, dort

ayakkuka (II) schicken

azhukkaaya schmutzig

B

baalan(-maar) Junge

bhaagyam Glück (Schwein)

bhaaram Gewicht

bhaaram kuṟañña (adj) leicht (nicht schwer)

bhaaramuḷḷa schwer (nicht leicht)

bhaasha Sprache

bhaavam Gefühl, Befindlichkeit

bhadramaaya sicher, gesichert

bhakkiyuḷḷa übrig

bhakshaṉam Essen

bhavanabeedanam Einbruch

bhayam Angst

bhayappeṯuka sich fürchten (vor)

bheethappeṯṯa besser

bhoojanaṣaala Restaurant

bhuumi Erde

bhuupaṯam Landkarte

billü Rechnung, Quittung

billü tharika zahlen

buddhiyuḷḷa intelligent

bukkü cheyyuka buchen

CH

chalam Eiter

chantha Markt

charakkü Ware

chariṯram Geschichte (Historie)

chathikkuka (II) betrügen

chavaṟü Müll

cheṟiya (adj) klein, kurz

cheruppam (adv) jung

cheṯi Pflanze

cheythe thiiru müssen

cheyyaṉam müssen

cheyyeeṉṯiyirikkuka (II) sollen

cheyyuka machen, tun

chiiñña (adj) faul (Obst)

chiittha (adj) schlecht

chilappool (adv) manchmal

chillaṟa Kleingeld, Wechselgeld

chinthikkuka (II) denken, nachdenken

chirikkuka (II) lachen

chithram Bild

chithram rachikkuka (II) malen

choodikkuka (II) fragen

choodyam Frage

chumakkuka (II) tragen

chumbikkuka (II) küssen

chunkam Zoll

chutum um (herum)

chuuṯuḷḷa warm, heiß

chuvaṟü Wand

daaham Durst

daahikkuka (II) Durst haben

daivam Gott

dampathimaar Ehepaar

danthavaidyan (m/w) Zahnarzt

deeśyabhaasha Dialekt

dhanamuḷḷa reich

dhṟūthi Eile

diirghamaaya (adj) lang(e) (Zeit)

dikkü Richtung

divasam Tag

divaseenayuḷḷa täglich

duurathaaya (adj) fern

duure (adv) fern

duureyuḷḷa weit

dvaaram Loch

dviipü Insel

E

eekadeeśam etwa, um, ca.

ellaam alles, ganz

ellayiṯatthum (adv) überall

engiṉe wie

enkil wenn (falls)

enkilum aber

enna Öl

ennam Nummer

enningane dass

ennü dass

enthenkilum etwas

enthü was

enthukoṇṯü warum

eppool wann
eppoozhum immer
ethiraayi gegenüber
ethire gegen
ethra wie viel
etthal Ankunft
etthuka ankommen
ettŭkaali Spinne
etukkuka (II) nehmen
evite wo
eviteekkŭ wohin
eviteninnŭ woher
ezhunneelkkuka (II) aufstehen (morgens)
ezhuthuka schreiben
ezhutthŭ Brief

G

gaanam Lied
garbhamulla schwanger
ghatikaaram Uhr
ghooshayaathra Zug, Prozession
goopuram Turm
graamam Dorf
griishmam Sommer
gunam Qualität
haarddamaaya herzlich
hoottal(-ukal) Hotel, Restaurant

I

ii, ithŭ dies
iisvaran(-maar) Gott
ila Blatt
ilakaattha (adj) fest, stabil
illa nein, es gibt nicht
illaathaavuka nicht haben
illaathe ohne
ina Paar, Pärchen
iniyum noch
innale gestern
innŭ heute
inthyakkaaran (m), inthyakkaari (w) Inder(in)
ippool jetzt
iracchi Fleisch
irakkumathi Einfuhr, Import
irikkuka (II) sitzen, sich setzen
irunta dunkel, finster
ishtappetuka gefallen
itatthŭ links
itaveela Pause
itaykkŭ zwischen (räuml.)
itiyum minnalum Donner und Blitz, Gewitter
itukkamulla (adj) eng (Kleidung)
itungiya (adj) eng, schmal
iva, ii, ithŭ diese(r, s)
ivite hier

J

jaladoosham pitikkuka (II) erkältet sein
janam, janangal Volk, Leute
janavaathil Fenster
janmadinam Geburtstag
jarmankaaran (m), jarmankaari (w) Deutsche(r)
jiivikkuka (II) leben
jiivitham Leben
jijññaasayulla (adj) neugierig
jooli Arbeit, Beruf
jooli cheyyuka arbeiten
joolikkaaran (m)/ joolikkaari (w) Arbeiter(in)
jooti Paar (z. B. Schuhe)

K

kaalaavasthha Wetter
kaalam Jahreszeit
kaalnatayaayi zu Fuß
kaanikkuka (II) zeigen
kaanuka sehen
kaaraagrŭham Gefängnis
kaarŭ Auto
kaatthirikkuka (II) warten
kaatŭ Wald
kaatŭ Wind
kaayikavinoodam Sport
kaazhchabanglaavŭ Museum
kaazhchasthhalangal sehenswerte Orte
kaazhchavasthukkal Sehenswürdigkeiten
kacchavatam Handel
kaimatakkŭ Schmiergeld
kaiyyŭ Hand, Arm
kala Kunst
kalavŭ Diebstahl
kalikkuka (II) spielen
kalippattangal Spielzeug
kallam parayuka lügen
kallŭ Stein
kalyaanam Hochzeit
kanakkŭ kuuttuka rechnen

kanattha (adj) dick
kannata Brille
kantetthuka finden
kantumuttuka treffen (begegnen)
kantupitikkuka (II) finden
kappal(-ukal) Schiff
kara Land (nicht Wasser)
karakausalavasthukkal kunstgewerbliche Waren
karayuka weinen
kashanam Stück
kata Geschäft (Laden)
katal(-ukal) Meer
katalaassŭ Papier
katalthiiram Strand
kathha Geschichte (Erzählung)
kathrika Schere
katthŭ Brief
katthuka brennen
katuppamulla hart, fest
kayarŭ Seil (aus Kokosfaser)
kayatumathi Ausfuhr
kazhikkuka (II) einnehmen
kazhiññŭ nach (Zeit)
kazhiyuka können
kazhukuka waschen
keelkkuka (II) hören
kettitam Gebäude
kettivalicchu kontupookuka (II) abschleppen
kiitajiivi Insekt
kitakka Matratze
kitakkuka (II) liegen
kitappara Schlafzimmer
kittuka erhalten
kizhakke östlich
kizhakkŭ Osten
kolluka töten
kontaatuka feiern
kontuvarika bringen
koonippati Treppe
kothukŭ Moskito
kottaaram Palast
kotukkuka (II) geben
krŭshi Landwirtschaft, Anbau
krŭthyasamayatthŭ (adv) pünktlich
kshama parayuka sich entschuldigen, um Verzeihung bitten
kshananam Einladung
kshanikkuka (II) einladen
kshiiniccha (adj) müde
kulikkuka (II) duschen, sich waschen
kulimuri Badezimmer
kumaari Fräulein
kuppi Flasche
kuracchŭ wenig, ein bisschen
kuravŭ Ermäßigung, Rabatt
kure einige, ein paar
kurekkuuti (adv) mehr
kuta Regen-/Sonnenschirm
kutakkaaranaaya schuldig
kutakrŭthyam Verbrechen
kutam Fehler, Vergehen
kuticchu velivillaathaaya betrunken
kutikkuka (II) trinken
kutthivakkkuka (II) impfen
kutthivekkal Spritze
kutti Kind
kutumbam Familie
kutumbappeerŭ Familienname
kuuli Lohn
kuute mit, und
kuutikkaazhcha nischayik-kal Verabredung
kuuttam Gruppe
kuuttatthil unter

L

labhikkuka (II) erhalten
laghupathrika Prospekt
laghuvaaya einfach
lakkoottŭ Briefumschlag
lalithamaaya einfach
leepanavasthu Salbe

M

maaddhyasthham Vermittlung
maamsam Fleisch
maappŭ choodikkuka (II) sich entschuldigen
maasam Monat
maathaapithaakkal Eltern
maathram nur
maatuka wechseln (Geld)
maddhyam Zentrum
madhuramulla süß
madyam Alkohol, Schnaps
makal Tochter
mala Berg
malayaali (m/w) Malayali
manal Sand
manassilaakkuka verstehen

Wörterliste Malayalam – Deutsch

mangiya dunkel
manikkuur(-ukal) Stunde
manushyan(-maar) Mensch
marakkuka (II) vergessen
maram Baum, Holz
maranam Tod
mariccha tot
marikkuka (II) sterben
marunnŭ Medikament
marunnukata Apotheke
marupati Antwort
marupati parayuka antworten
maryaadayulla höflich
masaala Gewürz
matakkayaathra Rückfahrt
mathi genug, reicht
mathiyaavoolam genug
mathsyam Fisch
matiyan fauler Mensch
matiyulla faul (träge)
mattannaal (adv) übermorgen
mazha Regen
mecchappetta besser
meel über (zeitl.)
meelkuura Dach
meliñña (adj) dünn
miin Fisch
miniññaannŭ vorgestern
mitukkulla klug, clever
moosamaaya schlecht
mrŭgam Tier
mukalil oben, über (örtl.)
mukheena durch (hindurch)
mukkŭ Ecke
mula Brust (weibl.)
munkuutti vorher
munpatthe jene (zeitl.)
munpeethanne schon
munpŭ vor
munvasatthŭ (adv) vorne
muri Raum, Zimmer
muriveetu verletzt
murivu Verletzung, Wunde
mushippanaaya langweilig
muthal Eigentum
mutta Ei
muudhamaaya dumm
muulam durch (hindurch)
muurcchayulla scharf (nicht stumpf)
muzhuvan ganz

N

naale morgen
naanaavidhamaaya bunt, vielfältig
naatakaveedi Theater
naattinpuram Land, ländliche Gegend
naaya Hund
nadi Fluss
nagaram (größere) Stadt
nagaratthinte meeppŭ Stadtplan
nagnamaaya nackt
nakshathram Stern
nalkuka geben
nalla (adj) gut
nanañña (adj) nass
nanavulla feucht
nannaakkuka (II) reparieren
nannaayi (adv) gut
nanni danke
nanni parayuka danken
nashtappetuka verlieren (Dinge)
natakkaan pookuka (II) spazieren gehen
natakkuka (II) gehen
natootikkalakal Folklore
neeratthe (adv) früh
neerattheyulla früh
neere geradeaus
nighantu Wörterbuch
niilamulla lang (Entfernung)
niinthaanulla paants Badehose
niinthalkuppaayam Badeanzug
niinthikkulikkuka (II) baden (im Fluss, Meer o. ä.)
niinthuka schwimmen
niintunilkkuka (II) dauern, anhalten
nila Etage
nilavilikkuka (II) schreien, weinen
nilkkuka (II) stehen
nimisham Minute
niram Farbe
nirañña (adj) voll, gefüllt
niraparaadhamaaya unschuldig
nirddeesikkuka (II) vorschlagen
niroodhikkuka (II) verbieten
nirtthuka (an)halten, aufhören
nirtthunna sthhalam Haltestelle
niyamam Gesetz

niyanthrikkuka (II) kontrollieren, lenken
nrŭttham cheyyuka tanzen
nuulŭ Faden

O

onnumilla nichts
oordar cheyyuka bestellen
oorma Andenken, Erinnerung
oormmikkuka (II) sich erinnern
ooroo pravisyavum jedesmal
oooruttharum jeder
ootuka rennen
oppituka unterschreiben
orikkal einmal
orikkalkuuti noch einmal
orikkalum niemals
oritatthum nirgendwo/-hin
oru pakshe vielleicht
orumicchŭ zusammen
oruvan man
ozhiñña (adj) leer
ozhivukaalam Ferien, Freizeit

P

paachakam cheyyuka kochen
paakamaakuka (II) sitzen, passen (Kleidung)
paalam Brücke
paaniiyam Getränk
paaramparyam Tradition
paarkkŭ cheyyuka parken
paarkkuka (II) wohnen
paarppitam Wohnung
paata Kakerlake
paathram Gefäß, Schüssel
paattukaccheeri Konzert
paatuka singen
pacchakkari Gemüse
pacchayaaya roh, unreif (Obst)
pakaram kotukkuka (II) umtauschen
pakshi Vogel
pakuthi Hälfte
pala niramulla bunt, vielfarbig
palappoozhum oft
palli Kirche
palli Gecko
pallikkuutam Schule
panam Geld
panam ayakkuka (II) überweisen
panam kotukkuka (II) zahlen, bezahlen
panam kotukkunna kauntar Kasse
paniyuka bauen
paraathi Beschwerde
parakkuka (II) fliegen
parasparam einander
parayuka sagen, erzählen
parichayappetutthuka jmdn. vorstellen
paripaati Plan, Vorhaben, Programm
parisaram Umwelt, Umgebung
parishkaaram Mode
parisoodhikkuka (II) kontrollieren, prüfen
parvathanira Bergkette
paschaathyadeesam Westen
pathikkuka (II) lernen
pathippikkuka (II) unterrichten (lehren)
pathram Zeitung
patiññaare westlich
pattanam (kleinere) Stadt
pattŭ Seide
pauran Bürger (Staats-)
paurathvam Nationalität, Staatsangehörigkeit
pazham Frucht, Banane
pazhavarggam Obst
pazhaya alt (nicht neu)
pazhuttha (adj) reif (Obst)
peerŭ Name
penkutti Mädchen
perunnaal (christl.) Fest, Kirmes
petrool pampŭ Tankstelle
pettennŭ (adv) dringend, plötzlich
petti Koffer
phalam Ergebnis
phooram Formular
phootto etukkuka (II) fotografieren
pinbhaagatthŭ hinter
pinnekkaanaam tschüss
pirannaal (U) Geburtstag
pithaavŭ Vater
pokkuka heben
poliñña (adj) kaputt, zerstört
pookuka (II) gehen, weggehen, fahren
praathal Frühstück

praathal kazhikkuka (II) frühstücken
praayam, vayassŭ Alter (Lebens-)
prabhaatham Morgen
pradarsanam Ausstellung
pradeesam Gegend
pradhaanamaaya wichtig
prakaasamulla hell
prakhyaapikkuka (II) erklären (Erklärung geben)
prakhyaathamaaya berühmt
prakrŭthi Natur
prakrŭthidrŭsyam Landschaft
pranayatthilaakuka (II) sich verlieben
prasasthamaaya berühmt
prasnam Problem
praveesanam Zutritt
praveesanamaarggam Eingang
praveesikkuka (II) eintreten, hereinkommen
prayaasamulla schwierig
prayatnasiilamulla fleißig
preemikkuka (II) lieben (Partnerbeziehung)
pukavalikkuka (II) rauchen
pukayila Tabak
puliyulla sauer
pullŭ Gras
puñchirikkuka (II) lächeln
purakil hinten
purakoottu zurück
purappetuka abfahren
purattheekkulla vazhi Ausgang
puratthiranguka aussteigen
purushan(-maar) Mann
pusthakam Buch
puthappŭ Decke (Bett)
puthiya (adj) neu, frisch (Obst)
puurnamaaya (adj) voll, komplett
puurtthiyaaya fertig, abgeschlossen
puuvŭ Blume
puzha Fluss

R

raashtriiyam Politik
raathri Nacht
raavile morgens
rajistar cheyyuka registrieren
ramyappetuka sich gewöhnen an
rantilonnŭ ob
rasakaramaaya interessant
rasikkuka (II) sich vergnügen
reekha Dokument
risarvŭ cheytha tikkatŭ Platzkarte
riservŭ cheyyuka reservieren
roogam Krankheit
roogamulla krank
roogi Patient
ruchikkuka (II) kosten, probieren

S / S

saaddhyamaaya möglich
saadhaaranagathiyilulla normal
saadhuthayulla gültig
saavadhaanam (adv) langsam
sahaayam Hilfe
sahaayikkuka (II) helfen
sahoodaran Bruder
sahoodari Schwester
saili Stil (Architekt.)
sakthamaaya stark
salyappetutthuka stören
samaadhaanam Frieden, Ruhe
samayam Zeit
samayavivarappattika Fahrplan
sambalam Gehalt
sambhaashanam Gespräch
sambhavam Ereignis
sambhavikkuka (II) eintreten, geschehen
samiipam bei
sammaanam Geschenk
sammathicchu einverstanden
sampaadikkuka (II) verdienen
samsaarikkuka (II) reden, sprechen
samthrŭpthamaaya zufrieden
samudaayam Gesellschaft
sañchi Tasche, Tüte
sandarsanam Besuch

sandar̲sikkuka (II) besuchen, besichtigen

sanghaṭippikkuka (II) organisieren

sangiitham Musik

sankalpikkuka (II) vorstellen (Imagination)

sankiir̲namaaya kompliziert

santhoosham Glück, Freude

santhooshamuḷḷa glücklich, fröhlich

santhooshatthooṭe (adv) gern

santhooshikkuka (II) sich freuen

s̲arathkaalam Herbst

s̲ari ja, okay

s̲ariyaaya richtig

sar̲vakalaas̲aala Universität

sathyamaaya echt, wahr

sauhr̲üdam Freundschaft

saujanyamaayi (adv) kostenlos

s̲eekharikkuka (II) sammeln

s̲iithakaalam Winter

s̲iksha Strafe

s̲ikshikkuka (II) bestrafen

s̲is̲u(-kkal) Kind

smaarakam Denkmal, Andenken

sneehamuḷḷa(adj) freundlich

sneehikkuka (II) lieben

sneehithan (m), sneehitha (w) Freund(in)

spaṭikam Glas (Material)

s̲raddhikkuka (II) sich merken

s̲ramikkuka (II) versuchen

s̲reeshthamaaya (adj) ausgezeichnet

sthhaanam Stelle, Ort

sthhalam Gegend, Ort, Platz, Stelle

sthhithi Lage (geogr.)

sthr̲ii Frau

sthriisambhandhamaaya weiblich

s̲udhhamaaya echt, pur, rein

sukhasaukaryamuḷḷa gemütlich

sundaramaaya (adj) schön

supaar̲sa Empfehlung

sus̲ruushikkuka (II) behandeln (Krankh.)

suuchi Nadel

suukshmamaaya genau

suuryan Sonne

svaabhaavikamaaya natürlich, charakteristisch

svaaduḷḷa schmackhaft

svakaaryamaaya privat

svantham peer̲ü Vorname

svaram Stimme

svar̲nam Gold

svathanthramaaya frei

svatthü Eigentum, Vermögen

svayam selbst

svayam kazhukuka sich waschen

svayam parichayappeṭutthuka sich vorstellen

sviikarikkuka (II) empfangen

svitsar̲lanṭukaaran (m)

svitsar̲lanṭukaari (w) Schweizer(in)

ṭayar Reifen

ṭeliphoon cheyyuka telefonieren

thaakkool Schlüssel

thaalam Tablette

thaamasakkaar Einwohner (Mz)

thaamasam Aufenthalt

thaamasasthhalam Unterkunft

thaamasiccha (adj) spät

thaamasikkuka (II) bleiben, sich aufhalten/verspäten

thaazhe unten

thaazhnna (adj) niedrig

thaazhvara Tal

thalavan Chef

thalparyappeṭuka sich interessieren (für)

thammil zwischen

thanguka bleiben

thanicchu allein

thannetthaan selbst

thanuppuḷḷa kühl, kalt

thanutthü maravikkuka (II) frieren

tharavü Ente

tharjjama cheyyunnavan (m), tharjjama cheyyunnavaḷ (w) Dolmetscher(in), Übersetzer(in)

thar̲kkikkuka (II) streiten

thaṭaakam See

thaṭiccha (adj) dick, fett

thayyaar̲aakkuka vorbereiten

thayyaaraakuka (II) sich vorbereiten
thayyaaraaya fertig, bereit
thekke südlich
thekkŭ Süden
thelivŭ Beweis
theruviiththi Straße
thetaaya (adj) falsch
thetaayi samsaarikkuka (II) sich versprechen
thetŭ Fehler
thiipituttham Brand
thiippettikkool(-ukal) Streichhölzer
thiircchayaaya sicher
thiire zu (+ Adjektiv)
thiirumaanikkuka (II) entscheiden
thiivanti Eisenbahn, Zug
thiiyathi Datum
thiiyŭ Feuer
thilappikkuka (II) kochen
thiricchu vitunna vazhi Umleitung
thoonnuka sich fühlen
thoortthŭ Handtuch
thrŭpthiyaaya satt
thuni Stoff (Textil)
thurakkuka (II) öffnen
thuramukham Hafen
thutanguka anfangen
thutaruka dauern, fortsetzen
thuukkam Gewicht

U

uccha Mittag
ucchaaranam Aussprache
ucchabhakshanam Mittagessen
ucchakkŭ munpŭ Vormittag
ucchathiriñña samayam Nachmittag
udaaharanam Beispiel
udyaanam Garten, Park
udyoogasthhan (m), udyoogasthha (w) Angestellte(r)
ullaasamaaya lustig
unangiya (adj) trocken
unartthuka wecken
unaruka aufwachen
untaavuka haben
untŭ ja, es gibt
upadeesam Rat
upari über (zeitl.)
uppŭ Salz
urakke (adv) laut
uranguka schlafen
urappiccha (adj) fest, befestigt
utamasthhan(m), utamasthha (w) Besitzer(in)
utane bald, sofort
utañña (adj) kaputt, zerbrochen
uthsavam (hind.) Feier, Fest
uuruka sich ausziehen, etwas herausziehen
uvvŭ ja
uyaramulla hoch

V

vaahanam Fahrzeug, Gefährt
vaakkŭ Wort
vaakyam Satz (Grammatik)
vaanguka kaufen
vaarttha Nachricht
vaatakakkŭ etukkuka (II) mieten
vaatakakkŭ kotukkuka (II) vermieten
vaathakam Gas
vaathil Tür
vaayikkuka (II) lesen
vaaypa nalkuka leihen (jmdm. etw.)
vaaypa vaanguka sich leihen (von)
vaaypayaayi nalkuka verleihen (an)
vaikunneeram Abend
valañña vazhi Umweg
valare viel, zu (+ Adjektiv)
valareyadhikam zu viel
valatthŭ rechts
valicchetukkuka (II) herausziehen
valiya (adj) groß
vallathum etwas
valuppam Größe (Kleidung)
vanam Wald
vañchi Boot
vanti Fahrzeug, Wagen
vanti ootikkuka (II) ein Fahrzeug fahren
varavŭ Ankunft
vare bis
varika kommen, ankommen
varkkshooppŭ Autowerkstatt
varsham Jahr
varshamthoorum (adv) jährlich
vasam Seite (Richtung)

vasantham Frühling
vasthram Kleidung
vasthu(-kkal) Sache, Ding, Stoff
vatakke nördlich
vatakkŭ Norden
vayal Feld
vayassaaya alt (nicht jung)
vayassan (m), vayassi (w) Alte(r)
vaykkuka (II) legen, stellen (etw.)
vazhi Weg
vazhi theetuka sich verirren
veedana Schmerz
veedanikkuka (II) schmerzen
veegam (adv) bald, schnell
veegamulla schnell
veegathayulla schnell
veenalkkaalam Sommer
veenti für
veentivarika brauchen
veethanam Lohn
veliccham Licht
velipradeesam (freies) Feld
vellam Wasser
velli Silber
veti veykkuka (II) schießen
viddhitthamaaya dumm
videesam Ausland
videesanaanyam Fremdwährung
videesatthŭ ninnulla ausländisch (Sachen)
videesi (m/w) Ausländer(in)
videesiyaaya ausländisch (Personen)
vidyaartthhi (m), vidyaartthhini (w) Student(in), Schüler(in)
viintum wieder
viithiyulla (adj) breit
viittamma(-maar) Hausfrau
viittupeerŭ Familienname
viitŭ Haus
vijayam Erfolg
vikaaram Gefühl, Emotion
vila Preis
vila kotukkuka (II) bezahlen
vilaasam Adresse
vilakkŭ Lampe
vilakkuravulla billig
vilakkuututhalulla teuer
vilapeesuka feilschen
vilikkuka (II) rufen
vilkkuka (II) verkaufen
vimaanam Flugzeug
vimaanatthavalam Flughafen
vinimayam cheyyuka austauschen
vinoodam Unterhaltung (z. B. TV)
viral Finger
virippŭ Laken
visadiikarikkuka (II) erklären, erläutern
visakkuka (II) hungrig sein
visappŭ Hunger
visappulla hungrig
vishaadamulla traurig
visham Gift
vishappaampŭ Giftschlange
visishtamaaya (adj) ausgezeichnet
visishtamaayi (adv) ausgezeichnet
visramam Ruhe
visramikkuka (II) sich erholen
visvasikkuka (II) jmdm. glauben
vivaaham Hochzeit
vivaaham kazhiccha verheiratet
vivaaham kazhikkaattha ledig
vivaram Auskunft, Info
vivaram ariyikkuka (II) benachrichtigen
vivarikkuka (II) erzählen, beschreiben
vivarthanam cheyyuka übersetzen (Sprache)
vivartthakan (m), vivartthaka (w) Übersetzer(in)
viyarkkuka (II) schwitzen
vrŭtthiyaakkuka säubern
vrŭtthiyaaya sauber
vyaakaranam Grammatik
vyaapaaram Geschäft, Handel
vyakthi Person
vyavasaayam Industrie

Y

yaathra Reise
yaathra cheyyuka reisen
yaathra parañňu piriyuka sich verabschieden
yaathra purappetuka eine Reise antreten
yaathrakkuuli Fahrpreis

Die Autoren

Christina Kamp, geb. 1967 in Berlin, Diplomkauffrau, arbeitet seit 1998 als freie Fachjournalistin und Übersetzerin (engl.) mit Schwerpunkt Tourismus und Entwicklungspolitik. Lebt in Bonn und verbringt zwei bis drei Monate pro Jahr in Indien. Ihr besonderes Interesse gilt der Kultur, Sprache und Entwicklung des südindischen Bundesstaates Kerala.

Jose Punnamparambil, geb. 1936 in Thrissur/Kerala, lebt seit 1966 in Deutschland. Von 1973 bis 1996 Mitarbeiter der ehemaligen Deutschen Stiftung für internationale Entwicklung (DSE, heute InWent), ab 1981 als Leiter der Sprachenabteilung. Seit 1984 Redakteur von „Meine Welt - Zeitschrift des deutsch-indischen Dialogs". Diverse Veröffentlichungen in Deutsch, Englisch und Malayalam.

Dieser Malayalam-Sprachführer ist das Produkt intensiver Teamarbeit. Ganz besonders danken möchten wir Dr. Annakutty Findeis, Malayalam-Dozentin an der Universität Bonn, für die kompetente fachliche Beratung, T. M. Biju, K. Baiju, P. K. Shaji, S. Sudheeran und Seetha in Kerala und K. Tharanadh in Brighton für die engagierte Unterstützung sowie Sosamma Punnamparambil für ihre bewundernswerte Geduld.